新教师职业发展丛书

XINJIAOSHI
ZHIYE FAZHAN
CONGSHU

教师如何上好每一堂课

本书编写组◎编
于　始　陈文龙◎编著

JIAOSHI RUHE SHANGHAO MEIYI TANGKE

　　高素质的教师不仅应该是有知识、有学问的人，而且还必须是有道德、有理想、有专业追求的人，不仅是高起点的人，而且是终身学习、不断超越自我的人；不仅是专业学科领域的专家，而且是教育科学的专家。

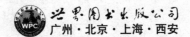
世界图书出版公司
广州·北京·上海·西安

图书在版编目（CIP）数据

教师如何上好每一堂课／《教师如何上好每一堂课》编写组编 . — 广州：广东世界图书出版公司，2010.4（2024.2 重印）
ISBN 978 - 7 - 5100 - 1958 - 6

Ⅰ. ①教… Ⅱ. ①教… Ⅲ. ①课堂教学 - 教学研究 - 中小学 Ⅳ. ①G632.421

中国版本图书馆 CIP 数据核字（2010）第 050062 号

书　　名	教师如何上好每一堂课	
	JIAOSHI RUHE SHANGHAO MEIYITANG KE	
编　　者	《教师如何上好每一堂课》编写组	
责任编辑	韩海霞	
装帧设计	三棵树设计工作组	
出版发行	世界图书出版有限公司　世界图书出版广东有限公司	
地　　址	广州市海珠区新港西路大江冲 25 号	
邮　　编	510300	
电　　话	020-84452179	
网　　址	http://www.gdst.com.cn	
邮　　箱	wpc_gdst@163.com	
经　　销	新华书店	
印　　刷	唐山富达印务有限公司	
开　　本	787mm × 1092mm　1/16	
印　　张	13	
字　　数	160 千字	
版　　次	2010 年 4 月第 1 版　2024 年 2 月第 4 次印刷	
国际书号	ISBN　978-7-5100-1958-6	
定　　价	59.80 元	

光辉书房新知文库
"教师职业发展"丛书编委会

"光辉书房新知文库"

总策划/总主编:石 恢

副总主编:王利群 方 圆

本书作者

于 始 陈文龙

序：教师职业发展的终生要求

20世纪60年代中期以来，许多国家对教师"量"的急需逐渐被提高教师"质"的需求所代替，对教师素质的关注达到了前所未有的程度。进入本世纪以后，教师专业化已经成为世界性的潮流。高质量的教师不仅被要求是有知识、有学问的人，而且还必须是有道德、有理想、有专业追求的人；不仅是高起点的人，而且是终身学习、不断自我更新的人；不仅是专业学科领域的专家，而且是教育科学的专家。

教师这个职业尽管非常普通，但却又具有非常特殊的意义。

首先，教师这个职业所面临的对象，是活生生的人，而不是无生命的物质，是正在成长中的儿童青少年。教师的职责就在于，把未成年人培养成为社会所需要的、有鲜明个性的人才。虽然以人为工作对象的职业很多，比如医生、律师等，但他们服务的时间很短，服务内容也很有限。可是教师不一样，他的工作对象众多，服务时间相对较长，服务内容广泛、全面。

其次，教师以自身作为教育手段来实施教育。教师自己的知识、经验、人格、素养，就是对学生进行教育的材料，更是教育学生的手段，离开了教师这一最生动的教育手段，其他的手段，即便再先进，其教育的效果也要大打折扣。古往今来，对教师这一职业都具有双重的要求，即"教书育人"。孔子十分重视师德修养，他说："其身正，不令而行。其身不正，虽令不从""不能正其身，如何正人？"随着社会的发展，教师不仅要"传道、授业、解惑"，而且要"身正垂范"。教师的言传身教对学生的学习、品德和行为的发展起着重要的作用。换句话说，教师是学生最直接的学习与生活的模范和榜样。一个优秀的教师往往是学生崇拜和模仿的对象，他的思想、品行、情感、意志力、人格特征对学生会产生潜移默化的影响，甚至直接影响学生将来的发展。

再次，教师担任学生保健医生的角色。目前，素质教育要求全面提高学生的思想道德、文化科学、劳动技能和身体心理素质，促进学生全面健康地发展。而在学生的整体素质中，心理素质本身占有重要的地位，心理素质的好坏影响着其他素质的发展和提高。因此，教师作为教育活动的组织者和实施者，还担负着学生心理健康教育的重任。

最后，教师是一个需要终身发展的职业。随着社会的发展，特别是科学技术与信息技术的迅猛发展，教师职业将处于不断变化和发展之中，那种一旦成为教师就可以一劳永逸的思想与时代的发展越来越不相吻合，教师职业已经成为终身发展的过程，社会的发展需要教师不断地自我更新知识。教育家吕型伟曾说过："教育是事业，事业的意义在于献身；教育是科学，科学的价值在于求真；教育是艺术，艺术的生命在于创新"。他的这番话道出了教师职业终身发展过程的本质。

总之，教师要合格地履行自己的专业角色，就必须具备良好的专业品质和素养，关注自己的职业发展。抓住机遇，迎接挑战，是每一位教师必须面对的重要问题！

本丛书编委会

Contents 目录

引　言　上好了课，才能成为优秀教师

如何上好每一堂课？这是一个见仁见智的问题。从孔子的因材施教、启发诱导，苏格拉底的"问答法"，到卢梭的自由教育，再到陶行知的"教学做合一"，从古代到现代，从西方到东方，关于如何上好课的讨论从未中断过，这些前贤在各自的研究和实践中为我们留下了许多宝贵的财富，一直影响到我们今天的教学。

时代在变，技术在变，人在变，人的理念也在变，关于教育的一些方法势必也要随之而变。然而，改变并不意味着我们要否定或者抛弃以往那些伟大的教育家所留给我们的那些宝贵财富，而是根据时代的现状、环境的现状、技术的现状、人的现状，来做出适合这一切现状的调整、增补。

在这里，我们不打算采取那种宏伟的理论探讨——因为我们觉得具体的策略展现更便于诸位参考实践；我们也没有采取那种穷尽式的搜罗列举——因为我们觉得我们的能力无法达到那种程度，而且诸位也并不需要那样的"清单"。我们所做的，只是从课堂教学的工程中抽取出具体的实施方案，诸如在上课前如何做好各方面的准备，在上课过程中如何营造一个积极和谐的环境，让每个学生都能发挥出自己的主体性作用，并且实施必要而恰当的管理，使课堂教学过程既有序，又有"趣"，把这些操作方法全盘告诉给大家。另外，对于课堂教学从开展到结束之间的一系列环节所需要的技能方法，在课堂教学过程中如何应

1

对一些"非预期性"事件，以及要上好课就不能仅仅局限于知识传授本身的问题，我们也和大家做了最无私的分享。所有这些，都是希望能够为大家提供一个实践操作层面上的指南，而非一厢情愿地向诸位灌输那些很难发挥实际效应的"道理"。

本书各个章节提供了非常翔实的案例，以及具体的操作方法，目的是方便大家的借鉴模仿，或者将之平移到自己的课堂教学实践当中去。同时，大量的故事案例，以及通俗浅近的语言，也可为诸位增强阅读本书的乐趣，减轻阅读本书的精神负担。

在本书中，我们既向您介绍如何做到上好一般的一堂课的要求事项，比如从导入到结尾的整个知识传授过程，同时也结合了新的时代背景、新的教育理念、新的人才要求，和诸位一起探讨如何在知识传授过程中培养学生的方法意识、合作精神、实践能力、人文关怀等方面的素质，使我们的学生在其所处的时代背景下不仅要成为一个优秀的"智者"，更要成为一个合格的、健全的、优秀的社会公民，成为真正符合时代和社会需要的有当代特色的人才。我们不仅要向学生传授知识，更要教会他们如何做人，成为一个对社会有用的知识分子。这是我们每一个教师义不容辞的责任，同时也是本书所要传达给诸位的理念之一。

要想上好课，教出好学生，我们自己首先就得备好课，成为好老师。所以，本书绝不仅仅告诉诸位怎样才能在课堂上完成教学计划、达成教学目标，同时也向诸位提供一系列如何使我们的教学方法更得当、如何使我们的教学技能更丰富、如何使我们成长为一名更优秀的教师的方法指南，希望这些能够对诸位的成长和走向卓越有所裨益。

第一章　工欲善其事，必先利其器

作为教师，除了要有必需的知识储备外，掌握教学的方法技能也是至关重要的——它在某种程度上决定着课堂教学的成败。在课堂教学中，教师都有哪些必备的专业技能呢？它们都有怎样的作用和要求，教师该如何运用它们？课堂教学要达标，专业技能首先就得过关。

第一节　掌握语言的艺术

马卡连柯说过这样一句话："同样的教学方法，因为语言不同，效果就可能相差 20 倍。"没有好的语言表达，再丰富的内容，再明确的概念，再要紧的重点，再清晰的脉络也无济于事。作为一名老师，要想上好课，就必须首先掌握语言的艺术。

在讲课中，对教师在语言上的要求有 3 个层次：清楚、得当、艺术。

所谓清楚，是指教师所讲的每一句话，特别是重要的话，都能送到每一个学生的耳朵里。这是最基本的要求。这一要求做不到，其他要求都谈不上。

所谓得当，一是指用词准确，用语恰当。二是指讲话的速度不快不慢，声音不高不低，情绪不急不缓。既要在关键时刻有激情，也要注意在大部分时间里心平气和，自然流畅。

所谓艺术，是指在做到上述两层的基础上，再做到语言简捷、精辟、生动、幽默、有哲理，使学生终生不忘。这是对语言的高层次要求。

那么，语言的艺术性一般都有哪些特征呢？

1. 针对性

针对性就是针对不同的教育对象、教学环境运用不同的教学语言，即因材施教。教师的语言要因人而异，有针对性地进行变化。

《论语·颜渊》中记载，樊迟、司马牛、仲弓和颜渊均曾向孔子问"仁"，孔子做出了四种不同的回答：

樊迟问仁。子曰："爱人"。

司马牛问仁。子曰："仁者，其言也讱"。

仲弓问仁。子曰："出门如见大宾，使民如承大祭。己所不欲，勿施于人。在邦无怨，在家无怨。"

颜渊问仁。子曰："克己复礼为仁，一日克己复礼，天下归仁焉。……非礼勿视，非礼勿听，非礼勿言，非礼勿动。"

樊迟的资质较鲁钝，孔子对他就只讲"仁"的最基本概念——"爱人"；司马牛因"多言而躁"，孔子就告诫他：做一个仁人要说话谨慎，不要急于表态；仲弓对人不够谦恭，不能体谅别人，孔子就教他忠恕之道，要能将心比心推己及人；颜渊是孔门第一大弟子，已有很高的德行，所以孔子就用仁的最高标准来要求他 —— 视、听、言、行，一举一动都要合乎礼的规范。总之，根据学生的基础和个性的不同，孔子对同一问题做出了 4 种深浅不一的回答，既切合教学对象的思想实际，又体现出教学内容的层次性。

2. 启发性

启发性是指教师在课堂上要从学生想弄懂却难以弄懂，想说清却难以说清的地方开始，有步骤地引导学生去弄懂、去说清。不直接告诉学生答案，而是抓住学生思维过程中的矛盾，启发诱导，步步深入，将对话引向正轨，得出正确的结论。

请看苏格拉底帮助某青年认清正义与非正义问题的一番经典对话：

苏问：虚伪应归于哪一类？

答：应归入非正义类。

苏问：偷盗、欺骗、奴役等应归入哪一类？

答：非正义类。

苏问：如果一个将军惩罚了那些极大地伤害了其国家利益的敌人，并对他们加以奴役这能说是非正义吗？

答：不能。

苏问：如果他偷走敌人的财物或在作战中欺骗了敌人，这种行为怎么看呢？

答：这当然正确，但我指的是欺骗朋友。

苏格拉底：那好吧，我们就专门讨论朋友间的问题。假如一位将军所统率的军队已经丧失了士气，精神面临崩溃，他欺骗自己的士兵说援军马上就到，从而鼓舞起斗志取得胜利，这种行为该如何理解？

答：应算是正义的。

苏问：如果一个孩子有病不肯吃药，父亲骗他说药不苦、很好吃，哄他吃下去了，结果治好了病，这种行为该属于哪一类呢？

答：应属于正义类。

苏格拉底仍不罢休，又问：如果一个人发了疯，他的朋友怕他自杀，偷走了他的刀子和利器，这种偷盗行为是正义的吗？

答：是，他们也应属于这一类。

苏问：你不是认为朋友之间不能欺骗吗？

答：请允许我收回我刚才说过的话。

3. 审美性

"言之无文，行而不远"，教师的语言还要具有美学价值，内容美，形式美，体现出教师的人格魅力。下面是全国特级教师于漪在讲鲁迅的小说《孔乙己》时的一段导语：

有人说，古希腊的悲剧是命运的悲剧，莎士比亚的悲剧是人物性格的悲剧，易卜生的悲剧是社会问题的悲剧。看悲剧催人泪下。《孔乙己》这篇小说写了孔乙己悲惨的一生，可我们读了以后，眼泪不会夺眶而出，而是感到内心一阵痛楚。那么，孔乙己的悲剧，到底是命运的悲剧，性格的悲剧，还是社会问题的悲剧呢？

这段导语涉及的知识面广，深刻而优美，几句话就创设出意境深远的教学情境，足见教师本人的语言素养和文化内涵。然而，作为教师，若想让自己的语言具有审美性、艺术性，并非一朝一夕可以成就的，就要在教学和学习中，不断地丰富自己，提高自身修为。

前苏联教育家苏霍姆林斯基说过："教师的语言是什么东西也不可取代的感化学生心灵的一种手段。教育的艺术首先应包括说话的艺术——跟人的心灵打交道的艺术。"教学语言是教师教学的基本功和必要素养，巧妙地铺设语言的阶梯，可以让学生学得深刻，记得牢固，进而达到举一反三、触类旁通的效果。

第二节　掌握课堂沟通技巧

有人说，一个教师在教学上的成功，只有15%是由于他的专业知识，85%要靠他的沟通技巧。学生首先是通过与教师的人际关系的感受，来决定是否喜欢教师所教的学科，是否愿意遵守这个教师提出的要求，是否喜欢学习和参与教师所提供的各种活动的。

　　沟通是人与人之间的信息交流过程，也是人与人之间发生相互联系的最主要形式。课堂教学活动也是教师与学生之间的一种特定沟通。师生之间的有效沟通是有效课堂教学的保证。

　　某校甲、乙两位教师，同时在上鲁迅的《祝福》。教师甲采用一般的讲读方法，促使学生理解课文的内涵，但从课堂中学生的情感感染上看，显得很平淡。教师乙则先从师生的谈话开始，谈话的内容是从师生共同拥有的生活经验开始的。谈话过程大致如下：

　　教师："大家知道老师姓什么、名叫什么吗？"

　　学生很快齐声说："老师姓黄，名为国强。"

　　"你爸爸希望你长大为国家富强出力吧。"一位学生在座位上随意地说。

　　教师："对。老师有姓有名，你们每个同学也都有姓有名。那么，昨天老师让你们预习的《祝福》这一课，讲述了祥林嫂的悲惨人生，你们有没有找到祥林嫂姓什么，名叫什么呀？"

　　学生："没有，人家就叫她祥林嫂。"

　　学生："她嫁到丈夫家，她丈夫名叫祥林，所以大家就叫她祥林嫂。"

　　教师："对呀！封建社会下的女性，一嫁到丈夫家，连自己的姓和名都没有了。老师这里还有一个问题，祥林嫂第二次改嫁给山上的贺老六，那么应该叫贺六嫂呀。大家从课文里找一找，有人叫她贺六嫂吗？"

　　学生："没有，课文中是这样写的，'鲁镇上的人仍然叫她祥林嫂'。"

教师："那是为什么？"

学生："我想，大家已经叫习惯了。"

学生："我想鲁镇上的人不赞同她改嫁。"

教师："我们从鲁镇上的人们仍然叫她祥林嫂可以看出，当地的人是不赞同她改嫁的。在封建社会里，男人可以有几个老婆，但大多数女人当丈夫死后只能守寡。可见在封建社会之下的男女是处于不平等地位的。"

教师乙拿一个人的姓和名作为课文的切入点，促使学生更具体地理解了鲁迅笔下祥林嫂的命运，从而促使学生的情感更好地接近作者的情感。课堂的有效性之一就是要看课堂中通过师生之间的沟通，最后能否使学生和作者产生情感上的共鸣。

那么，教师如何在课堂上和学生进行有效沟通呢？

1. 通过表演，促进沟通。

表演是学生喜闻乐见的形式。通过表演，有利于学生敞开心扉，倾吐真情。有时无法直接用语言表达的内容，通过形象的表演让学生在表演中感悟课文内容，领略课文乐趣。

有位老师在上《所见》这首袁枚所写的小诗时，在读通古诗的基础上，让学生演一演诗中的牧童也来捕一回蝉。学生们表演得可谓是淋漓尽致：骑在"黄牛"上，唱着歌儿，忽然听到树上传来了蝉叫声，很想捉蝉，就闭上嘴巴屏住呼吸站在那儿。表演完之后，他让学生说说，你觉得这个小男孩怎么样？答案丰富多彩：有的说，我觉得小男孩做事情很小心翼翼，在捕蝉的时候很当心；有的说，我觉得小男孩和可爱，他骑在牛背上的样子多好看啊；还有的说，我觉得小男孩很调皮，很喜欢捉知了。你瞧他是去放牛的，走到半路上，他就去捕蝉了。

原本是一首单调的小诗，通过表演，学生对诗意的理解已经无须老师过多的分析，而且俨然成为一个小小评说员了。

2. 通过质疑，促进沟通。

在教学实践中，引导学生质疑不仅可以帮助学生深入地理解课文，更可以借此来激发学生的发言欲，让师生沟通在课堂上如行云流水。

例如在教学贺知章的《回乡偶书》，在读熟古诗学会生字之后，一位老师这样问学生：读了诗句你有什么疑问吗？有一个小女孩说：他为什么要离家出走呢？是呀他为什么要离家出走呢？老师马上出示了"他或许是因为_____而离家"的句式让学生们大胆猜测。对于自己的疑问学生们很感兴趣，有的是或许是因为到外面去赚钱，有的说或许是因为学本领等等。之后，一个小男孩说：那他为什么还要回来呢？是啊，出去这么长时间了，为什么还要回来呢？于是老师又板书了"他是因为_____而回家"的句式让学生尽情想象。学生们讲到了是因为想家、想亲人、赚了钱、想来看看家乡的景色。这不正是"叶落归根"么！最后老师向孩子们讲述了贺知章的生平，讲述了这种让人无法释怀的"乡情"！

在质疑、解疑的过程里学生和老师都面临着让人无法预料的问题与答案，此时的情绪是高涨的，思维是活跃的，智慧的灵光在这儿闪耀。

要做一个好的教师，提高教学质量，首先必须进行有效沟通。面对复杂的教学环境和师生群体关系，教师只有进行有效的课堂沟通，才能增强师生协作，完成教学任务，从而达成教学目标。

第三节　规范的板书板图

板书是教师上课时为帮助学生理解、掌握知识在黑板上书写的凝结简练的文字、图形、符号等，它是用来传递教学信息的一种言语活动方式，又称为教学书面语言。板书是课堂教学的重要手段，它与教学语言的有效结合，可以使学生的视觉跟听觉配合，更好地感知教师讲授的内容。

板书的作用

1. 突出教学重点与难点

板书的内容通常为教学的重点、难点，并且在关键的地方一般都有标志，比如用不同颜色的笔书写和绘画，便于学生理解和把握学习的主要内容。

2. 集中学生的注意力，激发学习兴趣

板书在文字、符号、线条、图表、图形的组合和呈现时间、颜色差异等方面的独特吸引力，能够吸引学生的注意力，激发学习兴趣，并且使学生受到艺术的熏陶和思维的训练。同时，板书、

板画使学生的听觉刺激和视觉刺激巧妙结合，避免由于单调的听觉刺激导致的疲倦和分心，兼顾学生的有意注意和无意注意，从而引导和控制学生的思路。

3. 有助于启发思维，突破难点

富有直观性的板书，能代替或再现教师的演示，启发学生思维。好的板书，能用静态的文字，引发学生积极而有效的思考活动。

甲、乙、丙、丁和小江一起比赛象棋，每两个人都要赛一盘。到现在为止，甲已经赛了四盘，乙赛了三盘，丙赛了二盘，丁赛了一盘，问小江赛了几盘？

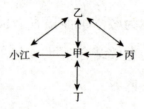

这是一道推理性的应用题，单靠文字，小学生难以理解，而上面这则板书仅仅用了 6 个字、几条线就把 5 个人的赛棋关系表达清楚了。

4. 概括要点，便于记忆

教师的板书反映的是一节课的内容，它往往将所教授的材料浓缩成纲要的形式，并将难点、重点、要点、线索等有条理地呈现给学生，有利于学生理解基本概念、定义、定理，当堂巩固知识。教师板书的内容往往就是学生课堂笔记的主要内容，这无疑对学生的课后复习起引导、提示作用。

下面是《1749 – 1814 年的法国》一课的板书

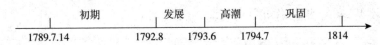

这则板书精练简要，清晰地呈现教学内容，便于学生理解、记忆。

5. 有助于学生树立文章脉络或教学内容的发展线索

一则好的板书，常常以精练的文字辅以线条、箭头等符号，将教材的重要内容及作者的思路，清晰地展现出来。

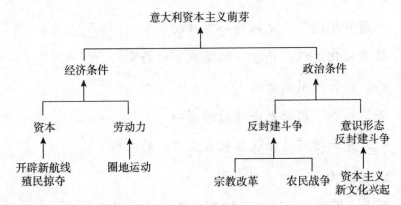

板书的形式

板书的形式随教学目标、教学内容、学生年龄特征及学习特点的不同而不同。选择适当的板书类型是增强教学效果的重要一环。常用的板书类型主要有以下几种：

1. 提纲式

这类板书适用于内容比较多，结构和层次比较清楚的教学内容。它的特点是：条理清楚、从属关系分明，给人以清晰完整的印象，便于学生对教材内容和知识体系的理解和记忆。

请看下例：

植物学《光合作用》第二节的板书：

三、光合作用的实质

1. 公式：

$$二氧化碳 + 水 \xrightarrow[\text{叶绿体}]{\text{光}} 淀粉 + 氧气$$

（原料）　　　　（条件）（产物）

2. 实质：

物质转化过程：无机物→有机物

能量转化过程：光能→贮藏在有机物中

四、光合作用的意义

五、外界作用对光合作用的影响

六、光合作用的原理在农业生产上的应用

---

2. 词语式

词语式板书通过摘录、排列教学内容中几个含有内在联系的关键性词语，将教学的主要内容、结构集中地展现出来。它的特点是简明扼要，富有启发性，能够引起学生连贯性的思考和对教学内容的整体把握与理解，有利于学生思维能力的培养。

下面是小学语文第四册第 2 课《骄傲的孔雀》一文的板书：

$$美丽 \longrightarrow 骄傲 \longrightarrow \begin{cases} 昂 \\ 挺 \\ 拖 \end{cases} \longrightarrow 跌（失败）$$

3. 表格式

表格式板书是将教学内容的要点与彼此间的联系以表格的形

式呈现的一种板书。这类板书能将教材多变的内容梳理成简明的框架结构，增强教学内容的整体感与透明度，同时还可以加深对事物的特征及其本质的认识。

下面是表格式板书的一个例子：

数学质数、质因数、互质数和相比的板书

	说明	举例
质数	只能被1和它本身整除，只看它本身。	2、3、5、7
质因数	具有双重身份，本身是质数，又是一个合数的因数。	$30 = 2 \times 3 \times 5$
互质数	互质数几个数的最大公约数是1，但这几个数的本身不一定是质数。	4和17，8和9

4. 线索式

线索式板书是围绕某一教学主线，抓住重点，运用线条和箭头等符号，把教学内容的结构、脉络清晰地展现出来的板书。一般应用于游记、参观记这类记叙文，以及情节比较复杂的课文。这种板书指导性强，能把复杂的过程化繁为简，有助于学生理清文章的结构，了解作者的思路，便于理解、记忆和回忆。

请看下面这例蛔虫生活史板书：

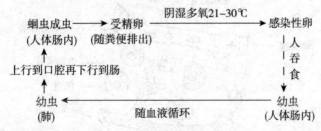

5. 关系图式

关系图式板书是借助具有一定意义的线条、箭头、符号和文

字组成某种文字图形的板书方法。它的特点是形象直观地展示教学内容，能将分散的相关知识系统化，便于学生发现事物之间的联系，有助于逻辑思维能力的培养。

下面是《东郭先生和狼》一文的板书：

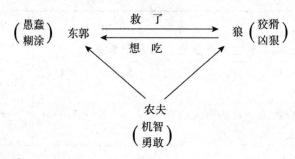

6. 图文式

图文式是指教师边讲边把教学内容所涉及的事物形态、结构等用单线图画出来，形象直观地展现在学生面前的一种板书方法。这种板书图文并茂，容易引起学生的注意，激发学习兴趣，能够较好地培养学生的观察能力以及思维能力。

下面是一位教师在讲解循环系统时所画的淋巴形成示意图：

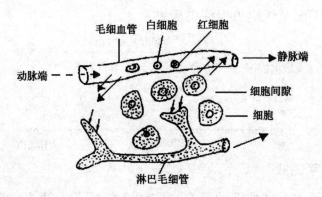

精心设计的板书浓缩着教师备课的精华。直观的板书，可以补充教师语言讲解的不足，展示教与学的思路，帮助学生理清教学内容的层次，把握重点，突破难点。它能够启发学生的智慧，并能给学生美的享受。特级教师斯霞曾深有体会地说："好的板书对于提纲挈领地了解课文内容，对于把握住课文的关键问题，起着很大的作用。"一个教师的板书好坏，直接影响到课堂教学的效率和质量。

第四节　常见教学演示方法

演示是指教师在传授知识时，运用各种直观教具、实验以及现代教学媒体传递信息的一种教学行为方式。它可以使学生获得生动而直观的感性知识，加深对教学内容的认识，同时培养学生观察和思维能力，开发潜能，减轻学习的疲劳程度，提高学习效率。

常见的演示类型有以下几种：

1. 实物、标本和模型演示

在教学过程中，演示实物、标本和模型的目的是使学生充分感知教学内容所反映的主要事物，了解其形态和结构的基本特征，获得对有关事物的直接的感性认识。为了使学生的观察更有效，教师在恰当地使用演示技能的同时，还要注意以下问题：

（1）材料的演示要与语言讲解相结合。教师把实物、标本、模型等展示给学生之后，要做相应的讲解；在学生观察时，教师要给学生留下思考的余地。讲解要与演示有机地结合，与学生的思维有机地结合。

（2）实物的演示与其他演示手段相结合。实物和标本所表现出来的现象，有时在结构上界线不清，影响学生清晰而准确地感知。为了深化学生的直观感觉，加深对所学知识的理解，凡是外部结构界线不清的，内部结构和生理过程难于观察的，都应配合挂图、黑板画、幻灯、投影、电视录像等演示手段，从而引导学生的观察向深入发展。

（3）模型的演示要做必要的说明，一般可按标本的演示方法进行。但是有时它的大小比例以及表示颜色等与实物有所不同，必须向学生交代清楚。

2. 挂图演示

挂图是教学中最早使用的一种教学辅助手段。它不但制作方法简单，而且使用灵活方便，不受地点条件的限制。挂图是教学中最常用的直观教具，在演示时注意以下问题：

（1）把握好演示时间。挂图不能在课前就展示给学生，以免分散注意力。上课前应把挂图背面朝外挂在挂图架上或黑板上，需要时再挂在明显的位置上让学生观察，使用完毕再把它反过去或取下来放回原处。这样，学生就不至于被挂图分散注意力，观察时也会有一种新鲜感。

（2）挂图、语言、文字有机结合。教师在演示过程中，一方面要进行必要的讲解，另一方面还要板书，使语言、图像、文字密切结合，发挥多种符号的作用，帮助学生理解。教师应注意采用缩短挂图与板书间距离的办法，在图的旁边对应图中各部分的位置写板书，使这三者配合得既恰当又自然。

（3）画略图或使用辅助图配合主图。挂图的大小是有限的，尤其是在图形比较复杂的时候，不管多大的挂图都难免有个别细小的部分，不易被学生看清楚。如果在挂图上没有局部放大内容时，教师就应当在讲解中再在黑板上画一些略图，或使用辅助挂图，把局部放大，帮助学生配合主图看清一些重要而细小的部分。

3. 幻灯、投影演示

幻灯、投影演示即使用幻灯机、投影仪进行的演示。它能够化抽象为具体、化虚为实、化大为小，向学生提供相关事物丰富的感性材料。使用幻灯、投影演示时应该注意以下问题：

（1）要保证画面的质量。幻灯、投影放映出来的画面要求清晰、色彩鲜明，能够引人入胜；如果画面模糊、色调暗淡的，会使学生产生厌烦情绪。

（2）演示时间不宜过长。幻灯、投影的演示虽然容易吸引学生的注意，激发学习的兴趣，但长时间演示会使学生产生视觉疲劳，因此，每次演示的时间不宜过长。同时，演示的次数要适量，

不能过于频繁。

（3）室内局部遮光。幻灯机、投影仪虽然亮度较高，但在演示时仍需有一定的遮光条件。一般采用局部遮光的办法，把靠近银幕的窗户遮挡起来。这样，既不影响学生看书或做笔记，又不会太影响放映效果。

4. 实验演示

在课堂教学中，为了使学生对教学内容获得直观的感性认识，有时也采用演示实验的方法。实验演示具体可分为获取新知识的实验演示和验证、巩固知识的实验演示两种。

获取新知识的实验演示，是教师向学生讲解，传授新知识之前所进行的与之有关的实验演示。在演示时，教师要先详细说明实验条件，在学生看到实验现象后，启发、引导学生对实验现象进行分析、解释，从而得到正确的结论。

验证、巩固知识的实验演示，是在教师先向学生教授知识，学生掌握以后，再进行的实验演示。演示之前教师要向学生说明要做什么实验，引导学生运用刚学过的知识预测将产生什么结果，再开始实验。实验完毕后让学生说明为什么会产生这样的结果，用所学的知识来解释实验现象。

第二章　上课，不仅仅是传授知识

教师的职业是教书，但教书绝不简单等于知识的传授。在课堂上我们除了要教给学生知识，更要教给他们获取知识的方法，培养他们良好的道德情操、意志品质和人文关怀，以及运用知识解决实际问题的能力，通过师生合作在课堂上实现共同进步。

第一节　授人以鱼，不如授人以渔

一位仙人练成了"点化术"。无论什么东西只需轻轻一点，便会变成他想要的东西。一次，仙人遇一乞丐，顿生怜悯之心，为他"点"出了许多食物和衣服。可乞丐似乎并不满足。于是，仙人问道："你还想要什么，尽管说出来，我会满足你的。"乞丐望着仙人，怯生生地说："我想学您的'点化术'。"

中国有句古话叫"授人以鱼，不如授人以渔"，说的是传授给人既有知识，不如传授给人获取知识的方法。道理其实很简单，鱼是目的，钓鱼是手段，一条鱼能解一时之饥，却不能解长久之饥，如果想永远有鱼吃，那就要学会钓鱼的方法。

生活中和学习工作中很多问题都是这样的，鱼再多都有吃完

的时候，但是只要学会了钓鱼的方法，通过自己的努力就会有吃不完的鱼。就像我们传授知识给学生一样，我们懂得知识再多，也不可能博古通今，不可能面面俱到，不可能十全十美。总有不够用的时候。

但是，如果我们在传授知识的同时把获取知识的方式和学习的方法，以及解题的策略给了学生，并使之成为一种自主学习的工具，那么他们就能在思维和思想上收获到真正受益终生的果实。

下面是一位老师在上物理实验课时的一个案例：

现有调节好的天平、砝码、弹簧测力计、玻璃杯、小金属块、细线和足够的水等，请你从上述器材中选择必要的器材，测量小金属块的密度。

要设计这个实验，先要考虑的是实验所依据的原理，自然想到密度公式 $\rho = \dfrac{m}{V}$，从公式中可以看到需要测的物理量 m 和 V，从提供的器材中去找有没有能直接测这两个物理量的，于是找到调节好的天平、砝码可用来测质量了，体积的大小还不能直接测，但可以想到如果把金属块浸入水中就有 $V_{金属} = V_{排}$ 从这个等式联想到在公式 $F_{浮} = G_{排} = \rho_{液} g V_{排}$ 再变形成 $V_{排} = \dfrac{F_{浮}}{\rho_{液} g}$，其中 $\rho_{液}$ 和 g 是已知，继续找 $F_{浮}$ 就要去想有关它的公式：$F_{浮} = G - F_{拉}$，直接用细线将金属块拴着分别在空气和浸入玻璃杯里的水中即可测得，推导过程写成下列格式：

$$\rho = \frac{m}{V}$$

m（直接用天平测）　　$V_{金属} - V_{排} = \dfrac{F_{浮}}{\rho_{液}\,g}$

$\rho_{液}$（已知）g（已知）　　$F_{浮} = G - F_{拉}$

G（用弹簧测力计测）　　$F_{拉}$（把金属块浸入水，用弹簧测力计测）

学生把以上的推导过程从下往上看，就可找到这个实验所需要的器材：玻璃杯、水、细线、弹簧测力计、天平、砝码以及小金属块，同时也能找到这个实验的步骤。如果测质量时想到的是 $G = mg$，那么分析过程就变为：

$$\rho = \frac{m}{V}$$

$m = \dfrac{G}{g}$　　　　　　$V_{金属} = V_{排} = \dfrac{F_{浮}}{\rho_{液}\,g}$

G（用弹簧测力计测）　g（已知）　　$F_{浮} = G - F_{拉}$　$\rho_{液}$（已知）g（已知）

G（用弹簧测力计测）　　$F_{拉}$（把金属块浸入水，用弹簧测力计测）

这样，就不用天平了。

学生学会了这种方法，就用不着去背实验器材，实验步骤，通过自己的分析就可以找出来了。

在教学的过程中，作为一名优秀教师，一定要透过现象看本质，将解决问题的思路和方法传授给学生，而不仅仅是告诉他们一个现成的结果。只有这样，才能训练自己的学生，才能使他们能够独立地去解决所有的难题。

再来看下面这位老师上《轴对称图形》时的案例：

（出示平行四边形）

师：它是轴对称图形吗？

生：是。

生：不是。

师：请同学们动手折折看。

（生动手折）

生1：平行四边形是轴对称图形，我从中间用一条线将它分开，两边是两个完全一样的直角梯形。

生2：我也同意，我手里的平行四边形沿对角线折是两个完全一样的三角形。

生3：我认为它不是轴对称图形，因为沿一条直线对折后两边不能完全重合。

生4：折一次不重合，再折一次就重合了。

生5（看着书）：有这样一句：沿着一条直线对折，不能多次对折。

生6（迫不及待）：都是对折一次，你看黑板上贴的几个轴对称图形都是对折一次。

师：对，正如生5和生6他们两个说的，只能对折一次。

生7：虽然它们的面积相等，但是它们的边没有完全重合。

生8：我把多余的这块剪下来补到下面不就完全重合了吗？

生9：不能剪，一剪就变成两个长方形了，和原来的图形不一样了。

生10：我觉得平行四边形不能全不是轴对称图形，比如我手里拿的（菱形）它就是轴对称图形。（边说边演示）

师：大家刚才说得很好，我们刚才争论的两边完全一样与完全重合是不一样的。

（板书：完全重合≠完全一样）

（一个学生举起手）

师：你还想说什么？

生11：老师，生10手里拿的不是平行四边形。

生（异口同声）：都是。

师：我们来看他手里拿的图形，它是平行四边形里面的一种特殊情况叫菱形，以后我们要学到。我们前面还学过很多平面图形，它们当中有没有今天我们学习的轴对称图形？请拿出自己准备的学具动手折一折。

……

对于到底什么样的图形是轴对称图形，什么样的图形不是轴对称图形，教师不是直接告诉学生，而是让学生在矛盾冲突中自己理解、感悟，从而获得知识，掌握判断方法，进而再让学生练习——动手找学过的平面图形中的轴对称图形。这样，学生的练习是建立在对知识的充分理解、掌握上的，它们已完全掌握轴对称图形的判别方法，所以自然就能够判别，也能够判别准确了。

作为教师，我们的职责不仅仅是教会学生做题，我们要把一些经验思想和方法，解决问题的策略渗透和教给学生，也许这不是仅仅几节课能够做到的，但是我们心中要有清晰的目的，这样我们教出来的学生才能够从优秀走向卓越！

第二节　不仅教书，更要育人

一位从纳粹集中营中逃脱的幸存者，战后做了一所中学的校长。每当一位新老师来到学校，他都会交给那位老师一封信，信中这样写道："亲爱的老师，我是一名纳粹集中营中的幸存者，我亲眼看到了人类不应当见到的情境：毒气室由学有专长的工程师建造，儿童被学识渊博的医生毒死，幼儿被训练有素的护士杀害，妇女和婴儿被受过高中或大学教育的士兵枪杀。看到这一切，我疑惑了：教育究竟是为了什么？我的请求是：请你帮助学生成长为具有人性的人。你们的努力绝不应当被用于创造学识渊博的怪物，多才多艺的变态狂，受过高等教育的屠夫。只有在使我们孩子具有人性的情况下，读写算的能力才有其价值……"

教书育人是教师的天职，但是，过去以学科为本位的教学把教书和育人割裂开来，教师以教书为天职，以完成学科知识传授、能力培养为己任，忽视学生在教学活动中的道德生活和人格养成。其实，教师的根本任务是培养人、塑造人。要培养塑造出完全的人，只有智力上的努力是不够的，还必须得在品质教育上下工夫。

教师对学生进行品质方面的教育，可以考虑从两个方面进行，即正面教育（或称肯定性教育）和反面教育（或称否定性教育）。教师要结合课堂教学内容，加强学生身上的优秀品质，扼制或消除有害的品质。

课堂上的品质教育有 2 个途径：一是通过与本课程内容有关

的历史或现实中的成功的人和事，或失败的错误的人和事来进行；一是通过学生本人或周围的人的优秀表现，或错误表现来进行。对前者，要及时肯定、鼓励；对后者，则要及时否定，严格把关。

教师最好能了解或搜集一些本学科或专业中与所授课程内容有关的能体现知识、能力、方法、理想、责任、合作、勇气、毅力、诚实、不怕孤立、坚持真理等品质的经典人物与事件，借适当的机会介绍给学生，这样一定会产生很好的效果。当然，这样的典型事件，教师知道得越多越好。

《向命运挑战》是九年义务教育小学第十一册第七单元的一篇文章，课文讲的是21岁身患绝症的霍金，敢于向命运挑战，经过顽强努力，终于成为伟大的天体物理学家的事。下面是一位老师在上这节课时的课堂实录：

师：同学们，学了此课回想一下作为残疾人的霍金之所以能够坚强地活下来，还取得了伟大成就，得益于什么？由此你想到了什么？

生1：得益于他不怕失败、不怕困难、敢向命运挑战。由此我想到了一句名言"困难像弹簧你弱它就强。"如果每个人面对困难时都能像霍金一样勇敢、坚强，困难也会在你面前束手无策。

生2：我想到了在书中看到的一个故事：一天，有2个同名同姓同性别同年龄的人去医院做检查，其中一个人患了癌症，一个人什么病也没有十分健康。可是因护士的疏忽将两个人的病历卡放反了，结果本来身体健康的人知道自己患了癌症后心情越来越不好，最后在忧伤、郁闷中死去。而那个原本患病的人知道自

己没病后整天开开心心、无忧无虑，最后体内的癌细胞竟奇迹般消失顽强地生活下来。

师：是啊，为什么阴差阳错拿错病历会出现这样的结果呢？我想，重要的是心态，一个人有良好的心态，勇敢面对困难，困难也会被勇气吓倒。反之，没有良好的心态，面对困难时担心害怕，最终会被困难吓倒。生活就是这样有时爱跟人开玩笑，希望在今后的生活中面对困难时同学们不气馁，勇于战胜它。那你们还知道哪些身残志坚的真实事例？

生3：我们以前学过一篇文章《秋天的怀念》，文章作者就是一个双腿残疾的人，开始时也是在失望忧伤中度日，最终在母亲的一再鼓励下，坚强地生活，最终成为著名的作家。

生4：我读过《钢铁是怎样炼成的》这本书，书中的主人公保尔也是一个身残志坚的人，虽然他的腿不能动，但仍坚强地活着，并坚持写作，最终发表了许多作品。

师：是啊，正是保尔坚贞不屈的精神感染了每一位读者，激励着每一个人勇敢面对困难，以至于《钢铁是怎样炼成的》这本书风靡世界，受到世人关注和喜爱。其实，主人公保尔就是作者奥斯特洛夫斯基的原型。请同学们继续说。

生5：著名作曲家贝多芬在双耳失聪的情况创作了许多名曲，亲自指挥许多演奏会，给人们留下了深刻印象。

生6：著名兵书《孙子兵法》的作者孙武也是一位残疾人。

……

师：听同学们说了这么多，老师也想举一个例子：在2004年第 12 届残疾人奥运会上，中国无臂运动员何军权先后夺得 50 米仰泳、50 米蝶泳、200 米混合泳冠军并连破 3 项世界纪录。想一想没有手臂怎么游泳？但就是这样一个人不但会游泳而且还取得这么辉煌的成就多令人敬佩啊！同学们，那作为一个正常人的我们是不是更应该勇于面对困难、战胜困难呢？

大量的成功人士的实践告诉我们，使他（她）们成功的原因中有时起决定性作用的倒是他（她）们身上的非智力因素。而且，他们的智力之所以发展得那么好，也和他们具有的许多优秀的非智力的品质有极大关系。俄国教育家加里宁曾说："要知道，教育者影响受教育者的不仅是所教的某些知识，而且还有他的行动、生活方式以及对日常现实的态度。"苏霍姆林斯基在《给教师的建议》中也强调指出："你不仅是自己学科的教员，而且是学生的教育者、生活的指导者和道德的引路人。"因此，教师在传授知识的同时，更应该加强育人工作，加强对学生非智力品质的培养，注重对学生的价值导向，把教会做人作为自己的头等使命。

第三节　培养学生的人文精神

21 世纪社会所需要的人才，不是知识的工具，而是有健全人格的健康人。爱因斯坦说过"用专业知识教育人是不够的，通过专业教育，他可能成为有用的机器，但是不能成为一个和谐发展的人。要使学生对价值（即社会伦理准则）有所理解并产生热烈

的情感，那是最基本的。"要培养这样的人才，仅靠传统的专业（知识和技能）教学是难以实现的，必须通过加强人文教育，才能达到这一目标。

可是，我国人文素质现状却令人担忧，中小学教育中普遍存在片面追求升学率，重教书、轻育人，使学生片面追求科技知识、知识技能，而忽视世界观、人生观的培养。在社会生活中，有政治腐败、权钱交易；在经济生活中，有假冒伪劣、坑蒙拐骗，还有大量的社会犯罪。这些社会弊端，在很大程度上不是因为缺乏科学知识、基本技能，而是人生价值观的扭曲，思想品格、道德水平低下所致。因此，培养学生高尚的道德品质，积极的人生态度、高度的创造精神和能力，坚忍不拔的意志、明确的社会责任感，人际交往中的宽容与合作精神，富有人类的同情心和人道主义精神等，显得尤其重要。

那么，我们怎么来培养学生的人文精神呢？

1. 充分利用教材，挖掘真善美的素材

例如在历史课中，南宋末年的爱国将领文天祥被俘，他以"人生自古谁无死，留取丹心照汗青"的名句来表示自己誓死不屈的意志，在元大都被囚期间多次拒绝元世祖的劝降，最后英勇就义，这种高尚的气节是学生应该学习的。另外如著名天文学家伽利略，即使是宗教裁判所用火刑来威胁他，他被迫放弃他的学说的时候，仍喃喃自语："地球是转的。"而布鲁诺，为了坚持自己的宇宙无限论，竟被宗教裁判所活活烧死在罗马的鲜花广场，为科学真理而英勇献身。这些都是非常好的素材。

在语文课上，通过挖掘中华优秀传统文化，让学生汲取精华，形成正确的世界观、人生观和价值观。儒家学说中"老吾老，以及人之老；幼吾幼，以及人之幼"的"仁爱"思想，"生于忧患，死于安乐"的忧患意识和"舍生取义"的献身精神；陶渊明"我不能为五斗米折腰向乡里小儿"超然物外的洒脱；杜甫"安得广厦千万间，大庇天下寒士俱欢颜"的利他主义；陆游"位卑未敢忘忧国"的爱国情怀；范仲淹《岳阳楼记》中"先天下之忧而忧，后天下之乐而乐"的政治抱负和"不以物喜，不以己悲"的旷达胸襟；文天祥《〈指南录〉后序》中抒发的"九死一生、矢志报国"的赤胆忠诚；《谭嗣同》中谭嗣同的勇于改革、视死如归的献身精神；鲁迅《〈呐喊〉自序》中弃医从文、追求真理的爱国精神；毛泽东《沁园春·长沙》中"问苍茫大地，谁主沉浮"体现出来的以天下为己任的博大胸怀和凌云壮志；朱自清《背影》中表现的父子深情。这些丰富的精神养料，教师可以通过讲授课文内容直接对学生进行教育，可以通过课文作者和背景资料的介绍进行点拨，也可以通过语言品味、形象剖析来启发学生思考，还可以结合作文教学来进行引导。让学生在获得语文知识的过程中，潜移默化地汲取精神营养，逐渐提高做人的修养，养成美好的品质和高尚的人格。

另外，教师还可以从课文中延伸挖掘，培养学生热爱自然，保护环境以及团结协作等诸多优秀品质，这些都需要在教学实践

中有意识地去寻找、发掘。

2. 运用多媒体技术，加强学生直观印象

现代教育技术尤其是网络的普及为我们的教育带来了极大的便利，我们可以利用它来为我们的人文教学服务。

例如有位老师在上《种油菜》一课时，在学生种植前利用 CAI 课件制作了一个油菜生长的全过程，并标明到达一定阶段时，油菜所产生的明显变化，如：发芽、长出第一片叶子、开花、结果等。同时还从网络上下载了一段动画，描绘的是种子如何在黑暗的地下探寻，不懈追求阳光雨露，不屈不挠，最终顽强地破土而出的情景。学生看了后震撼非常大，很多学生边看边称奇，甚至不由自主地发出感慨：好大的力量呀！在这个过程中，学生感受到了生命的顽强和巨大力量，从而对生命充满了敬畏和珍惜。

再如，一位老师在教学科学五年级《我从哪里来》时，播放了一段分娩的录像片。孩子们被看到的画面深深地震撼了，他们在汇报时这样说：我知道自己的生日就是妈妈的母难日，妈妈生下我们太不容易了，今后我要听妈妈的话，不让妈妈生气。我要爱护好自己，因为妈妈生我是非常辛苦的。这些都是孩子们真实情感的流露，他们不仅了解了自己出生时的情况，更重要的是真切地感受到了母亲的伟大，体会到了生命的珍贵。可见，利用多媒体加强教学的直观性，是一个可以收到良好效果的途径。

缺乏良好人文精神的社会，不是一个健全的社会，缺乏人文精神的"人才"，也不是合格的人才。作为一名教师，我们在教给学生知识和能力的同时，一定要注意培养他们的人文精神。

第四节　教学活动密切联系实际

社会生活是个大课堂，它蕴藏着取之不竭用之不尽的教育资源。一旦教师将生活中的教育资源与书本知识两者融通，就能把枯燥的课堂教学变得生动、有趣、易于理解，让学生活学、活用所学到的知识，从而培养学生的创造精神和实践能力。

在具体的教学中，教师怎样才能做到密切联系实际呢？

1．创设生活情境

美国著名教育家杜威曾说："为了激发学生的思维，必须有一个实际的经验情境，作为思维的开始阶段。"课程内容是以静态的序列呈现的，不可能完全展现知识的发生、发展、形成和应用的过程，教师必须从学生已有的知识经验出发，对教材进行加工，创设合适的情境，提供学生亲身感受、体验的机会。

请看下面的案例：

某商场在黄金周推出了'所有商品八折优惠，付现满200再返还20'的促销活动。两位妈妈去商场购物，小明的妈妈买了原价240元的商品，小杰的妈妈买了原价250元的商品。请你帮忙算一算，两位妈妈各应付款多少元？

该问题是学生熟悉的生活情境，它就发生在身边，学生感到非常亲切，学习兴趣产生了，调动了学习的积极性，形成学习的动力。

再如：

某大型商场开展换季销售活动：运动类，一套运动服享受八折优惠；家电类，一件 MP3 播放机享受八五折优惠. 请问：（1）原价 640 元的运动服售价_____元；（2）售价 1020 元的 MP3 播放机的原价是_____元。

（1）一套运动服，以七五折购买可节省 120 元，那么这套衣服的原价多少元？（2）一套运动服原价 380 元，降价 152 元出售，这件运动服售价打了几折？若这套运动服降价到 152 元出售，那么这套运动服的售价打了几折？

小丽的爸爸是个商人，他最近进了一批服装，每件进价是 60 元，售价是 80 元。小丽的爸爸为了招揽顾客想出了一系列的广告。广告一：全部按售价八折优惠销售；广告二：凡购物满 200 元，一次性返利 40 元；广告三：买一件原价；买二件则第二件是原价的七折；买三件则第二件是原售价的七折，第三件是原售价的六五折。如果你是一个消费者，想为父母和自己各购买一件衣服，你会选择按哪一种广告去购买服装呢？

这些例题都是与现实生活有关的，体现了数学课程教学是反映学生生活世界的目标。学生从中既能检验自己学过的知识，又锻炼了分析实际问题的能力。

2. 联系日常现象

学生日常生活中所接触的世界是丰富多彩的，他们目之所见、耳之所闻的大量现象都可以成为学习中感性知识的来源。教师要善于寻找生活中的实例，让学生把生活体验同所学知识结合起来，并且上升为理性认识。

例如，在"大气的压强"一节的教学中，除了做一些演示实验之外，我们还应引导学生到生活中去找原型，说出证明大气压存在的有关生活事例。学生们经过回忆可以列举出大量事例，其中仅与"吸盘"有关的常见事例就有：

（1）把带有挂钩的塑料吸盘按在玻璃上，能挂很重的衣服而不掉下来；

（2）带有塑料吸盘的玻璃茶几，能把桌架和桌面紧紧吸附在一起，甚至只抬桌面就能把桌架带起来；

（3）有一种尾端带吸盘的羽毛球，球被投过来时，只要用一个光滑的塑料板迎着它，球就能牢牢地吸在板上；

（4）疏通下水道用的橡皮吸盘，挤压出空气后，需要用很大力气才能向上提起；

（5）有时可以看到，搬运大块玻璃板的工人不是直接用手去抬玻璃，而是用两个橡皮吸盘压在玻璃上，能很方便、很安全地把玻璃板抬起来。

这些事例能够配合课堂上的演示实验，让学生通过切身实际

感受到大气压的存在，学生学习起来感到亲切，对知识掌握得更牢固。

3. 结合当地情况

每个人都对自己出生成长的家乡非常熟悉，因而课堂上从与当地相关的地方延伸到其他内容，学生更容易接受，因为那些都是他们所熟知的，甚至是发生在自己身边的事。这样既能制造一种亲切感，从而吸引学生的注意力，又能让学生在对比学习中增强分析实际问题的能力。

蚌埠的一位中学地理老师在讲到"自然带的分布"的时候，是这样讲述的："东部季风区秦岭淮河以北为温带落叶阔叶林，秦岭淮河以南为亚热带常绿阔叶林，蚌埠在淮河以南，那么说蚌埠应该是什么自然带呢？""亚热带常绿阔叶林带"同学们异口同声的答道。"那请同学们看看窗外，看看有哪些植被？""有落叶的也有常绿的"同学们得出结论。这位老师就顺水推舟的得出"自然带之间没有明确的界限的结论"。而在人文地理中，他用"蚌埠工业用地多位于西郊"来说明"经济因素是影响城市内部空间结构的主要因素"。在讲到工业布局的合理性时他问："你觉得蚌埠的化工厂、机械厂布局得合理吗？"在讲到"旅游资源"这部分时又问"你认为蚌埠的旅游资源怎样才能更好地得到开发呢？"等等问题，将课本知识紧密的和乡土地理结合起来，学生课堂参与的积极性明显提高了，同时也在这个过程中加深了对家乡的认识。

知识来源于实践，又服务于实践。在教学过程中，我们要创设运用知识的条件，给学生以联系实际的机会，使学生在实践活动中加深对所学知识的巩固，从而更好地解决实际问题。

第五节　师生合作，实现课堂目标

教学是师生之间的双边活动，是师生合作共同实现教学目标的过程。在教师充分发挥主导作用的同时，应该让学生做学习的主人，激起他们的学习热情，使学生由被动接受知识变为主动学习知识，师生在和谐愉快的气氛中共同完成课堂教学的任务。这是新课程下的教学要求。

那么，教师如何才能在具体的教学实践中与学生进行有效合作，从而实现双方的共同进步呢？

1. 创设问题情境

教师要根据学生心理特点和思维规律，创设客观探索情境，包括问题情境、直观情境、智力情境等，把以教师讲授为主的课堂教学方法，转变为教师引导下的师生互教互学式的合作学习方式。

有位老师在教"平均数"的应用题这节课时，一开始教师就创设了拍球比赛的生活情景。首先将全班学生分成两队，自己取

队名分别为："雄鹰队"和"八哥队"，然后两队拍球比赛。并请学生自己出个"招"，怎样比赛办法好？有的说："每人拍一回，把每人拍的次数加起来。"有的说："推选4人当代表，每人拍的次数加起来。"哪种办法好？同学们都认为第二种方法好。比赛开始，学生数数，教师板书在黑板上，结果雄鹰队4人共拍93次，八哥队4人共拍107次，八哥队获胜。老师说："我支持弱者雄鹰队，再拍30次，加上原来的93次，雄鹰队共123次，OK！雄鹰队获取。"八哥队大声喊："老师偏心，这样比不公平？"老师接着说："你有什么好办法使比赛公平合理呢？"话音刚落，学生就沸腾了，都想挑战智力，跃跃欲试。有的说："两队人数同样多，才能比较。"有的说："算出平均数，再比较公平一些。"老师问："平均数是什么意思呢？……"

这样不仅为教学的导入创设了良好的开端，而且将学生带入了轻松的环境中。学生在这种情境探索中感受到了数学之美妙，体会到了学习的快乐，同时学生的合作学习意识也得到了增强。

2. 发挥学生在主动精神

教师要注意引导学生主动探索、合作交流，从而使学生获得积极的情感体验，达到解放学生的大脑和双手的效果。

来看下面的案例：

《搭石》的第一自然段："我的家乡有一条无名小溪，……小溪的流水常年不断。每年汛期，山洪暴发，溪水猛涨。山洪过后，我们出工、收工、赶集、访友，来来去去，必须脱鞋绾裤。"

教材在《语文园地六——我的发现》中对"脱鞋绾裤"一词通过小林的话是这样说的：我发现查字典并联系上下文，是理解词语的好方法。初学《搭石》这一课，我不知道"脱鞋绾裤"中的"绾"字是什么意思，就查了字典。字典中的解释是"把长条形的东西盘绕起来打成结"。我就知道"绾裤"是卷起裤管的意思。再读读课文中的句子，眼前仿佛出现了人们脱掉鞋子、卷起裤管的情形。

而上课时，一位学生也学着小林的样子查起《新华字典》来，他"咦"了一声，把查的结果给我看："绾"在字典中有两个解释，一个是"把长条形的东西盘绕起来打成结"；另一个是"卷"，并举例"卷起袖子"予以说明。他不解地问：我们解释为"卷起"不是更容易理解吗？为什么要解释成"把长条形的东西盘绕起来打成结"？

我也认为《语文园地》中小林的发现比较牵强，于是，课后便与几个学生直奔新华书店查找工具书，共同来探讨"绾"。

我找来《说文解字》，一查，得知："绾，恶也绛也，从纟官声，一绡也。"也就是说"绾"是形声字，"纟"为形，"官"为声。我便向学生们解释"恶也，绛也"，是一种较为粗浅的绛色；而"绡也"指的是称为绡的织物。"绾"的本义中并没有"把长条形的东西盘绕起来打成结"和"卷"这两个意思。

这时，一个学生查阅《新华大字典》（商务印书馆）时，有了这样的发现："绾"后引申表示为系、挂，即（将长条形的东

西）盘结起来；又引申表示卷起。他一边说是和《新华字典》差不多，一边递给我。

我告诉他们，从我们查找的三本工具书来看，"绾"的本义是一种较为粗浅的绛色和称为绡的织物，而"把长条形的东西盘绕起来打成结"和"卷起"都是它的引申意思。我和他们一样，认为可以直接将"绾"解释为"卷起"。

通过主动探索，学生不仅增长了见识，了解了祖国文字的灿烂历史，而且还充分发挥了他们的主动性，提高了学习兴趣。同时教师也在这一过程中得到了学习和提高。

师生合作既是一种教学方式，也是发挥学生主体性的重要手段。教师只有不断加强教育理论的学习，转变陈旧的教育观念，创设良好有趣的教学情景，引导学生自主探究与合作交流，使学生被动接受知识为主动探索问题，把教学过程变成学生主动发现和师生共同探讨问题的过程，才能使师生双方在合作中共同提高、进步。

第三章　做好准备，再进课堂

要想上好课，课前准备绝不可少。上课前不仅要钻研教材，分析教学目标，准备教案，而且还要修饰仪表，调整情绪，这样才能确保课堂上自如地发挥。

第一节　不做准备不登讲台

场景一：教室内静悄悄地，学生们瞪着双眼聚精会神地专心听着讲，活动进行得有条不紊。到了该讲故事的时候了，只见老师随手拿出了准备好的参考教材照着样本讲了起来，一会儿看看书本，一会儿看看学生，故事就这样讲述着……

场景二：离上课只有10分钟了，老师正在找寻着这一节课的教具。呀，昨天本来在家里准备好的青菜、胡萝卜等今天忘记带来了，怎么办呢？就用图片代替吧，赶快找……

尊敬的各位老师，亲爱的读者们，您上课时碰到过上述状况吗？您的课前准备充分吗？

当然，或许由于大家平时的工作量较大，难免有时会准备不足。但是，拿着书本讲故事，本应准备好的教具没准备，确实有

41

些不应该。

漫漫三尺讲台路、白笔黑板写春秋。自从我们走上教师这个岗位，备课上课就和我们结下了不解之缘。教师的生命因学生而精彩、教师的生活因教学而充实。我们永远是用昨天的知识，面对今天的学生，培养明天的人才。怎样才能更好地完成历史赋予教师的任务呢？首先应该解决的问题就是这两个字：备课。

说到备课，可能有的人会不屑一顾，因为这差不多是一个老掉牙的问题了，可是真要提高我们的课堂教学质量，真要让我们的学生在学习知识的同时能够形成相应的能力，就不能不重视备课这个环节。

在苏霍姆林斯基《给教师的建议》一书中，有这样一个故事：

一位有30年教龄的历史教师上了一节公开课，课题是《苏联青年的道德理想》。区培训班的学员、区教育局视导员都来听课。课上得非常出色。听课的教师们和视导员本来打算在课堂进行中间写点记录，以便课后提些意见的，可是他们听得入了迷，竟连做记录也忘记了。他们坐在那里，屏息静气地听，完全被讲课吸引住了，就跟自己也变成了学生一样。

课后，邻校的一位教师对这位历史教师说："是的，您把自己的全部心血都倾注给自己的学生了。您的每一句话都具有极大的感染力。不过，我想请教您：您花了多少时间来备这节课？不止一个小时吧？"

那位历史教师说："对这节课，我准备了一辈子。而且，总的来说，对每一节课，我都是用终生的时间来备课的。不过，对这个课题的直接准备，或者说现场准备，只用了大约 15 分钟。"

"对这节课，我准备了一辈子。"许多人第一次阅读这个故事时，都被这句话深深地震撼了。想想我们自己也是一名教师，每天都要备课，每天都要拿了教科书去课堂上课，可是我们为备课花了多少时间呢？课堂进度老是赶不上去，学生的成绩不见提高，教学评估得分低……所有这些我们有没有想过自己在备课上的原因呢？

我们都上过很多节课，有时会感到一堂课上得很轻松很愉快，教师教的愉快，学生也学得高兴，这是为什么？因为我们备好课了，心中有数了。不备课能不能上课？也能上，有时候我们会有这样的感觉：这点知识还不好讲吗？小孩子还不好糊弄吗？可是课堂上会怎么样？在这样的课堂上我们的语言会干瘪苍白，我们的思维会如无源之水，无本之木，怎么教都觉得内容冗长乏味，怎么上都提不起精神，更别说调动起学生的学习兴趣了。

备课是一个再创造过程，在此期间，教师不但要备知识，还要从学生的实际出发，了解他们已有的知识储备，努力寻找能够激发他们学习兴趣的切入点。在对教材的把握上，首先对本学科的有关概念要正确理解，并能随时了解本学科理论前沿的动态和发展，始终把最新最科学的知识传授给学生，并善于将学科知识与现实社会、学生生活实际相结合进行教学。其次，教师还要具

备基本的社会知识和生活常识，有相关学科领域的知识储备，并能灵活地把各知识点联系起来。

曾经有一位资深老师说："备课备不好，倒不如不上课，否则就是白费心机。"作为一名老师，我们每天都必须花费大量的时间在备课上，认认真真地去钻研教材和教法，不满意就不收工。虽然辛苦，但事实一定会证明这样做是值得的。

第二节　研究教材是关键

备课的实质是把课本知识转化成教学内容，教学内容与教材内容是两个不同的概念，备课不能将教材内容不经加工，直接照抄到教案本上；教师必须深入地钻研教材，吃透教材，对教材的系统结构及内部关联都要清楚地了解。大体看看，泛泛阅读，一知半解，要想驾驭全部教学内容，有效地提高教学质量，都是不可能办到的。

苏霍姆林斯基说：教师越是能够运用自如地掌握教材，那么他的讲述越是情感鲜明，学生听课花在抠教科书上的时间就越少。

教材是教师和学生进行教学活动的凭借材料，是教学信息沟通的中介媒体。钻研好教材是备课、上课，达成教学目标，完成教学任务的基础和前提。

在研究教材的过程中，我们必须遵循以下的基本要求：

（1）理解。确保把教材中的每一句都弄懂，充分掌握论点、论据。

（2）精通。掌握教材的知识结构，包括层次、关系（内在关系、外在联系）；把握重点、难点和关键。

（3）转化。把教材上的内容化为自己的东西，在讲课过程中有感情地进行自我表述。首先，要尊重教材要想吃透教材。首先要尊重教材，因为现行的实验教材是由教材专家、教研专家、教学专家经过反复推敲、实验编制而成的。尊重教材就意味着要研究编排意图，要理解表面材料背后所隐藏的丰富内涵。要做到字斟句酌，深入浅出。而没有对教材的"深入"，就不会有课堂教学的"浅出"。

例如：苏教版五年级《真分数和假分数》一课中例2、例3是以学生对"分数单位"的理解为基础，通过涂色的操作，使学生经历假分数的产生过程，再说说涂色时的思考过程。让学生说清楚每个分数的分数单位以及各有几个这样的分数单位，从而帮助学生正确理解真分数和假分数的含义。有位老师是这样上的：要求学生动手操作，用涂色部分表示 $\frac{5}{8}$、$\frac{5}{5}$、$\frac{5}{4}$、$\frac{7}{5}$、$\frac{1}{2}$、$\frac{9}{9}$、$\frac{2}{3}$、$\frac{13}{5}$，在让学生分类，结果学生用了20分钟才涂色完毕。浪费很多时间，没有收到预设的效果。原因在于：老师没有很好地理解教材。

优秀教师和平庸教师的最大区别就在于：优秀教师把复杂的内容教得非常简单，平庸教师则把简单的内容教得非常复杂。这其中的关键就在于对教材的研究深度存在差异；在备课的设计上，

是用教材来"教"还是"教"教材。

其次，要从实际出发，科学地创造性地使用教材。

所谓科学灵活地使用教材，就是对教材进行学习化的加工，使教材本身承载着的数学思想、数学意识、数学情感、数学方法等功能都释放出来，变成学生易于接受和乐于接受的信息。这就是说要结合生活实际去选用教材。不能教材有什么教师就教什么，教材怎么写教师就怎么讲。

例如：苏教版五年级数学实践活动中的数字与编码。有位老师就把原来教材中的邮政编码改为身份证，在学生充分收集数据的基础上从四张身份证号码的辨别中引出新课：

五年级数学（苏教版）《数字与编码》。

下面这些身份证号码可能是小明家哪些人的？你能说说你猜测的理由吗？

A. 442000194508245737   B. 442000197104195458

C. 442000197202024226   D. 442000194907184823

要让教学内容对学生的数学学习充满吸引力和诱惑力，学习材料的现实性、趣味性和挑战性应是首当其冲的。因此，教师在选择素材时要将视角更多地投向现实生活，努力去发掘那些存在于学生身边的同时又暗含着某种数学现象或数学规律的实际问题，来建构学生数学学习的内容体系。

比如下面这道《已知一个数，求它的几分之几是多少》的六年级应用题：

例：人体内的血液占人体重的 $\frac{3}{10}$，小明的体重 30 千克，他体内的血液有多少千克？

人体内的血液占人体重的 $\frac{3}{10}$，雅典奥运会的举重冠军唐功红体重130．5千克，请你猜一猜她体内的血液有多少千克？

再次，要改变教材的呈现方式

现行教材"专家式"编排，在没有进入教学过程之前，只是处于知识储备状态，是静态的，抽象的。因此，我们在设计教学过程时，要努力将静态的转化为动态的，抽象的转化为具体的，应该把课本中的例题、讲解、结论等书面东西转化为学生能够亲身参加的活生生的数学活动——这些活动包括概念的抽象过程，公式的推导过程，算法的思维过程，法则的归纳过程，规律的概括过程。这些内容的呈现方式，不是由教师说出来、端出来，而是通过学生的观察、操作、感悟等一系列活动进行再创造而得出来的。

比如五年级《体积与体积计算》一课：

从乌鸦喝水想起，它为什么往瓶子里装石子呢？

通过这幅图，学生就能很直观地理解了其中的道理。

第三节　明确教学目标

一堂好课必须有明确的教学目标，没有明确目标的课不是好课。要有明确的教学目标，就离不开对教学目标的深入分析。

以九年义务教育六年制小学数学课本第六册"年、月、日"这一节为例，大纲对这一节的教学要求是属于等层的"认识水平"。因此，我们确定本课的学习目标为：

（1）通过学生自己探索，知道时间单位年、月、日，知道大月，小月，平年，闰年的知识，记住各月的天数和闰年的判断方法。

（2）通过观察，讨论，游戏活动，猜测验证，发挥学生探究能力，观察思考能力和创造力。

（3）通过网络教学，激发学生学习兴趣。学生从小养成热爱科学，乐于学习科学的情感，并受到一定的爱国主义教育。

但仅有目标是不够的，还必须符合课程标准的要求，符合素质教育的要求，符合学生的实际情况，在知识、能力、情感态度、价值观等方面与学生的认知水平、心理特征、能力基础相适应，既面向全体，又关注差异，具有层次性。

下面我们来看一个优秀的教学目标分析案例：

【来源】《地球的震颤—地震》

【概述】本节课属于北京市义务教育课程改革实验教材《地

理》七年级上册，第二章《我们生活的地方—北京市》中第五节——《地震的威胁》中的一段内容，包括"北京是地震多发区"、"地震的发生"、"防震和抗震"三部分，"北京是地震多发区"包括中国和世界地震带的分布和地震的危害，其中"地震的危害"是重点内容，"防灾减灾"是重点也是难点，要求学生通过教师提供的资料和小组协作学习、探究、讨论，能选择正确的方法在地震前、地震中、地震后保护自己，脱离险境。本节课是在教材的基础上进行了深入探讨和拓展。

本节课的设计尽量体现贴近学生生活实际，学习对生活有用的地理的思想。通过学习，达到指导学生生活，万一灾难来临时，学生能够运用所学知识，保证自己的生命安全，把灾害减到最小的程度。

防灾减灾，作为普通的中学生能够做些什么，是我们这节课重点要研究和解决的问题。

【教学目标分析】

1. 知识与技能

（1）举例说明地震的危害，包括直接危害和间接危害；

（2）复述出地震的原因；

（3）能够区分可以避免的地震和无法避免的地震的类型；

（4）举例说明在地震的不同阶段（地震前、地震中、地震后）正确保护自己的方法；

2. 过程与方法

（1）以任务驱动的形式体验"猜测——试验并收集试验数

据——分析试验结果"的探究活动过程；

（2）通过阅读文字资料、观看音像资料，思考、探究、协作学习，能够从相关信息中提取有用信息，并对信息进行归纳、条理化；

（3）在小组讨论交流中，能够清楚地表达自己，并能够学会对他人的意见进行评估和借鉴；

（4）当处于地震的不同阶段时，能选择正确的方法保护自己的安全；

（5）在与实际生活紧密相关的问题的探究解决过程中增强对地理学习的兴趣；

3. 情感态度价值观

（1）通过对可避免地震成因的分析，增强对环境、资源的保护意识；

（2）树立正确的防灾减灾意识，培养面对灾难沉着冷静的态度；

（3）树立珍爱生命、关爱生命的态度。

一个好的教学目标至少要满足以下 2 个条件：

第一、从学生的角度来讲，教学目标不应指向教师的教学行为，而应该是以学生的学习结果作为体现的方式。另外，学生的学习结果也要具有一定的层次性，不能过于笼统、含糊。

第二、从教学目标本身的角度来讲，教学目标要力求明确、具体，可以观察和测量。另外，教学目标要体现规范性、科学性、系统性和渐进性，即体现课程目标的要求，又反映当代教育科学和心理科学等的研究成果，各个单元或章节以及整个学科的教学目标之一间既自成体系，又前后联系，逐渐递进。

向学生教授正式内容之前，先做好对教学目标的分析吧！

第四节　教案编写，有章可循

一份以大连理工大学、东北财经大学等4所高校大学生为对象的调查问卷显示，超过65%的学生认为自己身边的老师不称职，应该变变样。"现在多数老师上课都不准备教案，甚至常常连书都不拿。"在调查中，大三学生小孙颇有代表性地表达了他们的不满，"我经常逃课，就是因为有些课实在太无聊。老师从不备课，上课照着教材低头念，到了考试就画画书，实在学不到真正的知识！"

教师要上好课，真正尽到自己"传道授业解惑"的责任，首先就必须要有充分的准备，认真备好课。而编写教案则是备好课的重要方面。

教案是进行教学的方案，它体现了教学过程的计划性，是贯彻教学大纲，提高教学质量的重要保证。编写教案的过程，是进一步钻研教材、明确教学目的、考虑教学对象、教学内容与方法的过程。它可以使教学内容具有系统性、科学性和针对性。

教案的基本内容一般包括：

1. 课题计划（一篇课文或一章节内容的教学计划）。它包括：

（1）课题名称；

（2）教学目的与要求（包括教学与教育目的和达到的要求）；

（3）教学重难点（重点与难点要明确分开写）；

（4）授课类型及方法；

（5）计划课时。

2. 课时计划（根据实际教学需要分课时写出计划，原则上每2节或3节写一个课时计划）。包括：

（1）教学要点及要求；

（2）教学过程（应包括教学内容，体现教学步骤及方法，实训、实践环节设计等）；

（3）作业布置（应写明页数、题号及要求）；

（4）小结（指上完课后在教与学方面的经验教训及体会等）；

对教案内容的基本要求有：

（1）教学目的明确；

（2）教学内容充实，科学性强，有先进性；

（3）教学重点突出，难点明确，讲述有对策；

（4）教学方法得当，有启发式考虑，有创新思想和创新能力培养的安排；

（5）电子屏幕显示或板书设计得当；

（6）教学进程合理，思路清晰，逻辑性强；

（7）有课后小结。

教案的详略程度没有一定的规定。详细的可接近讲稿，内容周密全面；简单的可以拟成提纲，只要把教学的基本内容、方法和步骤体现出来即可。或详或略，视具体情况而定。

下面我们以北师大版语文第7册《钱被风刮跑以后》为例:

钱被风刮跑以后

一、教材分析:

本文是小学语文北师大版第七册第十个主题单元"金钱"的第二篇主体课文。文章主要记叙了二十多年前,在一个北风凛冽的日子里,"我"骑车撞倒一位低头数钱的老大爷,钱掉地并随风四处飞扬,过路行人纷纷抢钱归还主人的故事,赞誉了人与人之间真诚、友爱、互助得好品德和良好风尚。

二、教学目标:

1. 通过各种识字方法,认识本课4个生字;利用观察字形的方法,会写本课5个生字;在语言环境中,体会理解"迟疑"和"肯定","沉重"和"轻松";

2. 通过自读感悟,理解课文内容,体会本文按事情发展的先后顺序写的思路,鼓励学生自述;

3. 通过理解过路行人"抢"被北风吹落的钱,并还给生人的故事,帮助学生树立人与人之间应真诚、友爱、互助的良好品质。

三、教学重点:

品读第5、6自然段,引导学生从人物的动作、神态、语言去感悟人物的内心世界,从"迟疑与肯定""沉重与轻松"中体会人间真情互助友爱的可贵和可敬。

四、教学难点:

理解课文中"抢"字加与不加引号的不同意义。

五、教学课时

一课时

六、教学过程：

（一）质疑导入：

1. 板书课题，齐读。

2. 质疑：读了课题你想知道什么？

（"钱"被风刮跑了以后，发生了什么事。）

（二）学习课文

1. 出示课件，检查生字，正音。"趔趄、诧、蹬、续"

2. 自读课文，想想课文主要讲了一件什么事？指名回答，老师指导学生学习练习用较简练的语言概括文章的主要内容。因本文是叙事的，故从引导学生从时间、地点、人物、事件等要素来叙述。

3. 理清条理：钱为什么被风刮跑——钱被风刮跑以后。

4. 自读学习"钱为什么被风刮跑"部分，指名回答用一句话概括说明。"一月二十月，长春，刮着猛烈的北风，'我'骑车撞了一个低头数钱的老大爷，让钱被风刮跑，心情很慌忙。"

5. 指导学习"钱被方刮跑了以后"部分。

（1）过路行人的动作、神态、语言？（"不约而同地向钱飘走的方向跑去，有人还高喊着：'钱跑了！快抢啊！'"；"从四面八方陆续朝老人走来，把'抢'来的钱一一交在他的手里。"——）

（2）老大爷的动作、神态、语言？（"焦急地拍着大腿说；'风刮人还抢，这可怎么得了！'""喜出望外，不住地向众人点头。"——）

（3）"我"的动作、神态、语言？（"我沉重的心情一下子变得轻松了。——"）

（4）自己边读边想几个"抢"字，加引号与不加的含义有何异同。（1. 当时风大，必须动作要快，顾用"抢"；2. 这种行为目的是为了老大爷追回钱，它实际是帮助性质的。）

（5）品读5、6自然段，通过体会"迟疑"与"肯定"，"沉重"与"轻松"的含义，感悟老大爷和我的心情变化。

6. 再读课文，整体感悟。

7. 鼓励学生按事情发展顺序讲述在风中发生的事。

8. 结合课后习题，感悟文章内容。

课文叙述了二十多年前一件真实的事，谈谈你读后的想法。

（三）作业："假如这件事发生在今天人们会怎么做，说出理由。"

（四）板书：

过路行人："抢" ——〉"还"

钱被风刮跑以后　老大爷："迟疑" ——〉"肯定"　人与人互助互爱

"我"："沉重" ——〉"轻松"

七、教学后记：（略）

教案是教师对所要讲的一节（或一次）课设计的教学方案，或理解为教师为所要讲的一节（或一次）课的指导思想和具体的课堂进程写的教学案卷。其目的是使教师在上课前对所要讲的课有一个总体的和具体的规划，以保证课堂教学的质量达到规定的要求。教案的作者和读者都是自己，它除有督促教师制定一个讲

课计划外，也可为你在讲课的现场参阅起提示作用。

第五节　注意你的仪表

一份调查统计显示：受学生喜欢的教师在仪表方面一般都是穿着得体，举止文雅，朴素大方，有风度，有气质；而不受学生喜欢的教师则往往不注意修饰，邋遢，服饰装扮夸张不得体，举止粗俗，缺少修养。教师的仪表已经成了影响他们在学生心目中形象的因素之一。黑格尔也曾说："教师是孩子心中最完美的偶像。"

教师要想上好课，知识上的准备是必须的，除此之外，在个人仪表方面也不可忽视。那么，教师该如何注意自己的仪表呢？

1. 具有美感和职业感

学生每天有三分之一以上的时间在学校与各位老师相处，他们好奇地对每位老师进行观察，自觉不自觉地向老师学习。一个班主任带一个班多年后，会发现不少学生说话、风度等与班主任有惊人的相似之处。因此教师应该向学生展现自己的美，以提高学生的审美趣味和审美力。同时，教师的仪表也要与教育教学的情调相适应，既为人师表，又为学生营造宽松和谐的学习氛围。

2. 服饰仪容须朴实得体、整洁高雅

试想：一个手指上套满闪闪发光的戒指，耳朵上挂着长长的

耳环，穿着奇装异服，裸露着大腿和胸脯的人，能教育学生们树立正确的人生观吗？教师作为文化和教养的化身，其服饰仪容必须体现出文明和教养，起到楷模和示范作用。在这方面，蔡元培先生为我们作出了良好的表率：每次去学校给学生讲话或上课，他必定要换上浆洗得十分服帖整洁的衣服，把每一粒纽扣扣上后，还要对着穿衣镜仔细整容。进入讲演厅或教室前，他也要习惯性地整整衣冠，然后从从容容地登上讲台。前苏联教育家马卡连柯要求教育机关中的教师和其他工作人员：必须衣着整洁，头发和胡须都要弄得像样，鞋袜洁净，双手清洁，修好指甲和经常备有手帕。他甚至指出：一个人从口袋里掏出了揉皱的手帕，就没有资格做教师。

3. 言谈举止要谦逊文雅、稳重端庄

教师在课堂上要发言准确，吐字清晰，措词精当，语法正确，无论遣词造句还是判断推理，都要选择最能表达所要讲授内容的言语。切忌语言隐晦、艰涩，转弯抹角，模棱两可。

另外，教师的语言还要求文雅。无论在课堂上还是在课外场合，都要做到文质彬彬，音调适中。要讲事实，摆道理，不强词夺理，哗众取宠。切忌粗言秽语，野话脏话。马卡连柯说："我们要善于这样说话：使孩子们在我们的话里能感受到我们的意志，我们的修养和我们的个性。"

一名优秀的教师，在生活中也许很平庸，但在讲台上一定是

光彩照人的。如果一个教师行为轻狭不羁，松松散散，举止无度，不拘小节，则会极大地损坏自身形象，导致学反感。

4. 态度行为应亲切和蔼、热情大方

捷克教育家夸美纽斯指出："孩子们求学的欲望是由教师激发起来的，假如他们是温和的、是循循善诱的，不用粗鲁的办法去使学生疏远他们，而是用仁慈的感情与言语去吸引学生，假如他们和善地对待他们的学生，他们就容易得到学生的好感，学生就宁愿进学校而不愿留在家里。"为此，教师要像父母那样亲切地关怀每一个学生，不仅要关心他们的学习，还要关心他们的生活、爱好、兴趣等方面的情况。要认真处好学生之间产生的矛盾，不能因关系亲疏远近、家庭差异而偏袒一方。

作为教师，要力求做到仪表整洁、举止安详、表情愉快、风度文雅，在社会伦理道德所统辖的风俗、习惯、礼仪、时尚和社会生活所涉及的规章、制度、纪律及守则等各方面成为学生的典范。

第六节　调整好情绪进课堂

有一位台湾的同学至今仍对他国中的导师"耿耿于怀"：他国中三年都是同一个导师，在一、二年级的时候，导师和班上同学的相处还算愉快，同学对导师所负责教授的数学吸收的程度也

不错，全班平均成绩都能维持在不错的七十分左右。然而，三年级的时候，由于导师怀孕了，脾气变得喜怒无常，常常将自己的情绪发泄在学生身上，造成全班的同学团结起来对抗导师的情况。而由于同学们根本就不想听老师说话，导致全班的数学平均成绩也降到不及格以下。这位老师可能是由于怀孕的生理因素，导致自己情绪的不稳定，但是她没有办法好好管理自己的情绪，不但影响了她自己的私人生活，也影响到学生的心情与学习成果。

现代心理学的研究已证明：愉快、欢乐、适度平稳的情绪能使中枢神经活动处于最佳状态，保证体内各系统的协调一致，充分发挥机体的潜能。因此，一堂好课，教师的心情必然是良好的，教师精神焕发地走上讲台，以精炼简洁的语言、生动形象的比喻、丰富切实的例证、工整适量的板书讲授课堂内容；学生则能聚精会神地聆听教师讲课，开动脑筋认真思考、踊跃发言、大胆回答问题。

教师的任何情绪，都会严重影响自己对知识的讲解和学生对知识的领悟，大大降低课堂教学效果。那么是什么原因使教师情绪不佳呢？分析起来有 3 种原因：

首先，身体状况会影响情绪。比如一个教师患有某种疾病，或长期的身体虚弱，或休息不好，还有女教师的生理周期等，都会对其情绪产生不良影响。

其次，一个人一天的情绪是不断变化的，人生活于社会之中，其情绪往往会受一些社会客观因素的影响，如生活、工作中遇到困难，遭受挫折；领导对待自己不公平；同事或夫妻间闹矛盾；

工资待遇、住房、职称评定没能满足要求等都会造成情绪不佳。

另外，教师的情绪有时还会受到学生的影响，比如一个教师本来情绪不错，若当他走进教室发现学生乱成一团，满屋狼藉或者黑板没擦时，很好的心情就有可能一落千丈；讲课过程中若有些学生调皮捣蛋，不认真听讲，或者学生死气沉沉等，教师的情绪也会受到不良影响。

针对导致情绪不佳的这些因素，教师在课前应从以下几个方面入手去进行调整：

1. 加强锻炼，强身健体。拥有一个健康的身体就是具备良好情绪的前提。俗话说"身体是革命的本钱"虚弱多病的身体不仅会使自己的情绪不佳，而且还会使干任何工作都感到力不从心。因此，为了能搞好教学工作，在工作之余，应力争抽出时间加强体育锻炼，练就一个健康的身体。

2. 修身养性，泰然处事。社会是复杂的，不尽如人意的事随时都有可能遇到。有些人在失意面前悲观、懊悔，而有些人却能够处理得当，泰然处之。关键还是看一个人在主观上如何看待这些问题。如果我们能够在遇到困难时坚韧不拔、对待他人宽厚仁慈、对待名利不斤斤计较、对待挫折不悲观丧气，那么我们在工作中就能时常保持乐观向上的情绪。当然，要做到性格开朗，泰然处事，决非一朝一夕之功。但只要我们平时注意加强心理素质的培养，增强心理承受能力和行为的控制能力，努力克服自己性格上的弱点，凡事都能想开一点，就一定可以做到乐观向上，泰然处事。

3. 发现问题，适时调整。如何才能不把不好的情绪带进课堂，是教师必须认真对待的问题。一般情况下教师对自己的不佳情绪是能够体会到的，我们一旦发现自己的情绪不佳，就应适时地加以调整，不要让其再继续下去。当课前发现自己的情绪不佳时，可以采用静静地坐一会儿，想想一些开心的事等方式转移一下自己的注意力，同时也放松一下自己，消除疲劳，保持精神饱满。另外也要做好课前的一切准备工作，包括备好课，熟悉教案，对教学全过程做到成竹在胸，避免课堂上出现焦虑。

总之，在课堂教学中，教师只有保持最佳的情绪状态，才能充分发挥自己的教学水平，保持良好和谐的课堂气氛，才会有教学的高效率、高质量。

第四章　创建良好的课堂环境

　　良好的课堂环境可以让学生在课堂上全身心地投入其中，并且从中感受到学习的乐趣。教师的任务就是要努力创建这样一个积极的环境，营造一种良好的学习氛围，让学生在课堂上都有归属感，增强上课的积极性。

第一节　营造和谐的学习氛围

　　列宁曾经说过："没有人的情感，不可能，根本不可能实现对真理的执著追求。"教学是师生之间情感与知识的双边交流，只有创造一个宽松和谐的氛围，才能使课程活泼有趣，充满生机，才能激发起学生的学习热情，使学生在课堂中充分发挥主体地位，积极投入到学习之中。

　　那么，作为教师，如何才能为学生创设一个和谐的学习氛围呢？

1. 善于倾听

教师要善于倾听学生。倾听是一种容纳与尊重。会积极倾听的教师能够将自己全部的注意力都放在学生身上，给予对方最大的、无条件的、真诚的关注，能够用一些恰当的暗示来表达对学生的共鸣和关心。比如点头、身子往前倾、微笑等动作，让学生知道你真心地在听；口头的暗示如"喔"、"是的"、"我懂了"等也能让学生知道你的注意和兴趣。

2. 允许学生插话

学生在做课堂作业时，经常有人站起来发表自己的见解："老师，今天学的'照'这个字，我有个好办法能够记住它。""老师，我还有更好的办法能把铁牛捞起来。""老师，我认为今天学的课文中有个词用得不够准确，我可以给它换个更好的词。""老师……"课堂上经常会有这样的"发现"出现。

学生插话是一种特殊的提问或发现，当学生不由自主地插话的时候，正是他主体意识觉醒，积极思维探究，发现新知识，产生问题的时候。教师要鼓励学生敢于插话，勇于质疑问难。无论是课中还是课后，学生都可以提出自己的疑问，提出自己独特的见解。

3. 让学生动手、动脑

学生在动手的基础上动脑，就一定能促成主观能动意识，培养出创新意识。经过动手操作，让学生学到了知识，发展了能力，不仅没有把学生捆死在一个模式里，而且充分发挥了他们的想象

力，培养了创新意识。

下面是一位老师讲解《游园不值》的案例：

这首古诗配有一幅"一枝红杏出墙来"的彩色插图。在学生了解诗意后，我让他们根据诗句"春色满园关不住，一枝红杏出墙来"，结合插图，充分想象：在作者没有看到的花园里，春天的景色是什么样子的？然后根据自己的想象分小组画出作者没有看到的"满园春色"，并用幻灯打出来，再根据自己画的"满园春色"，向全班同学解说图上画的内容。学生们兴趣盎然，充分发挥各自的特长，能想的想，能画的画，能说的说，课堂气氛非常活跃。通过这一活动，每位学生参与学习的积极性和主动性都得到了充分调动，学生的想象能力、绘画能力和口头表达能力也得到了培养。

4. 让学生感到被重视

学生还需要在课堂上感到自己被重视。学生一旦认为自己在课堂上是无关紧要的，他们就会放弃或失去参与竞争和取得进步的动力。如课堂上的提问，老师大多是选择学习较好的同学回答问题，而且会一节课回答好几次，这势必就严重影响其他同学的自信心和学习积极性。又如教师要读准学生的名字。现在有些学生的名字可能是一些生僻字，这需要教师在课下做好准备。教师能够尽最大的力量认识每一位同学，能在课上准确地叫出每一个人的名字，这最好不过。这一点不仅体现了教师对学生的尊重，而且会让学生觉得自己被尊重。

5. 用体态语表达鼓励、赞许

合适的体态语，可以增进学生的信心。教师在课堂上要面带微笑，对每一个学生都要表现出关注、欣赏的表情，要用眼神表现自己对学生的鼓励赞赏，避免经常皱眉头或板着脸。

6. 消除学生在课堂上的"恐惧感"

学生的身体和精神的承受力是有限的，如果他们在恐惧感中生活太长时间，就很容易焦虑、沮丧、无助，失去对教师的信任。一些学生会选择退学来逃避恐惧，另一些学生则可能变得仇视一切。当学生带着敌意的目光看待周围的环境时，就容易讨厌班级、讨厌教师、讨厌同学。这会降低学生充分实现自我的能力。

因此，在课堂环境中，教师有责任建立一种安全的、彼此接纳的情感氛围，教师要非常了解学生，并且敏感地察觉到学生的个人需要，通过友好而公平的方式促进课堂的健康氛围，帮助每个同学树立合理的奋斗目标。

第二节　让学生在课堂上找到归属感

作为教师，面对的学生难免良莠不齐。平时在课堂上我们往往把太多的注意力和赞美之词都放在了那些优等生身上，仿佛只

有他们才是这个班级的成员，而忽视了那些所谓的"后进生"，以至于他们成了被"遗忘"的群体，在班级里找不到归属感，当然也就更别提认真学习了。

后进生是一个非常庞大的群体，也是每位教师所必须要面对的。对于后进生的转化工作。也是不可缺少的教育内容之一，因此要正确对待他们，尊重他们的个性和人格，做到因材施教，以求得学生的全面发展。

请看下面这个案例：

小胡，男，入学考试成绩是全班最差的，语文成绩是个位数。通过与他小学老师、同学的联系，了解到他对学习相当厌倦，作业经常不做。但对电脑游戏十分入迷，玩游戏达到出神入化的地步。老师批评他，他会与老师顶撞，同学都看不惯他。小学老师对他的总结性评语是：这是一个双差生。

升入我班一段时间后，我发现小胡不大溶入到班级中，下课大部分是与两三个行为习惯、学习成绩不是很好的同学在一起讲什么，每次看到我总是神色慌张地分开。这引起了我的注意。通过与那些学生的交谈，我了解到小胡经常与他们谈论电脑游戏的事情，并多次与同学买卖游戏号。我对这些学生分别进行了批评教育，他们也向我保证以后不玩游戏，也不谈论游戏的事情了。我又多次教育小胡，要求他告别游戏，专注于学习。每次小胡都表示：要痛下决心，戒除游戏瘾。可是，同学反映上来小胡依然每天玩游戏到深夜，成绩也毫无起色。有一次，我看到小胡快速走到一个正在擦黑板的学生身旁说了一句什么话走开了。看着那位学生愕然的神情，我问他小胡对他说什么了，他告诉我小胡说了一句游戏术语，不知他什么意思。看来，小胡对游戏的入迷程度远非我几次谈话就能抵消的，对他我该怎样开展教育工作呢？

不久，为了响应"建设节约型社会"的号召，学校要求每班设一个"节能管理员"，对班级的用电、用水等进行管理。我马上想到了小胡，让他当节能管理员，每节下课对班级的用水、用电进行检查，既能分散他对游戏的注意力，又为班级节约了能源，是两全其美的事情。这样，我先与小胡说了我的决定，并与他约定：节能工作做得好，给他加德育考核分；做得不好，要撤销他的管理员资格。随后，我在班级中公布了我的决定，并说："我相信小胡一定能胜任这个工作，并得到加分。"这以后的每节下课，小胡总在第一时间检查班级的电灯、吊扇有否关掉，饮水机有否漏水。开始几天，有忘记的，我提醒了他，以后他这样的次数越来越少。我在班级中隆重表扬了小胡的工作，并把它提高到有集体主义的高度。全班同学第一次向他投去了赞许的目光，小胡红着脸低下了头。以后，小胡对班级的其他事情也变得热心起来，我又看到他与越来越多的同学开始了较正常的交往。我了解到他有时还会在家玩游戏，但在学校里他不再谈论。他的这些转变让我欣喜，我对他的教育充满了信心。

马斯洛的需要层次论告诉我们：人的需要从低级到高级依次是生理的需要、安全的需要、社交的需要、自尊的需要和自我实现的需要，只有低级的需要得到满足之后才会向高级的需要过渡。生活中有些后进生之所以表现出后进的行为，没有自我实现的需

要，与某些较低级的需要没有得到满足有关。在上面的这个案例中，这位老师正是通过让小胡担任"节能管理员"，让他溶入集体，有归属感，从而满足他归属与爱的需要，之后再设法把他引向更高层次的需要。

卢梭在《爱弥儿》一书中有一句名言："教育必须从了解人心入手。"只有了解人，才能教育人。对后进生的转变工作也同样如此。"每个人都有一颗成为好人的心。"只要教师们都以满腔爱心去关心、信任并帮助他们，积极维护他们的人格与自尊，发现他们的闪光点，给他们改过自新的勇气，后进生是完全可以转化的。一旦他们在课堂上找到了归属感，还有什么能阻止他们认真听你讲课呢？

第三节　增强课程的趣味性

兴趣是点燃智慧的火花，是克服困难的一种内在的心理因素，是学习知识的动力。学生对他所学的东西一旦有了兴趣，就会不知疲倦，越学越爱学。而现在不少老师在课堂上都是照本宣科，教学设计僵化、死板，教学内容枯燥，根本不能引起学生学习的兴趣。对于学生来说，这样的课堂会使他们失去兴趣，厌烦学习，甚至放弃这门功课。

美国教育学家布鲁纳说过："学习的最好动力是对学习材料的兴趣。"因此，能否激发学生学习的积极性，最大限度地调动学生学习的主动性，除了要考虑其他诸多因素外，教师还必须对施教的材料或引入或加工，将趣味性融于知识之中，使学习变得轻松、愉快、有趣。

那么，教师如何才能增强课堂的趣味性呢？

1. 让学生亲自动手

学生对于自己动手参与的东西，尤其感兴趣，他们总喜欢在课堂上"做些小动作"。一位初一英语老师在上完教材第八单元《颜色》后，就给学生上了一节"美术课"。在课上她先要求学生把他们所带的颜料的各种颜色用英语说一说，并且同桌互相操练：What colour is it? It's …. 然后再由老师带领大家做一个游戏：Guess? What colour is it? 通过猜一猜的游戏方式继续复习颜色类的单词。等所有的单词都复习完了之后，让学生取出调色盘，并且出示卡片：red + yellow = ? 通过学生自己进行调色得出答案 orange 来。接着采用同样的方法让学生通过调色来得出答案：

red + white = ?　　　　yellow + ? = green?　 + ? = purple

? + red = brown + ? = grey + ? + ? = black

当然除了老师规定要调的颜色之外，她还让学生自己模仿老师进行调色，然后出题提问大家。这样一节课下来，每一个学生都对这些颜色类的单词留下深刻的印象，不仅复习了已学的单词，而且在学生自己调色的过程中还掌握了一些其他颜色的单词，大大扩充了他们的词汇量。

2. 故事表演

学生对有趣的事情总是怀有强烈的好奇心，而模仿和表演是人的天性。因此，在课堂教学中适当的加入故事表演会大大增强课程的趣味性。

下面是一位教师在上《美丽的小路》一课时的案例：

学生自由读课文，分小节抽读课文。

师：美丽的小路是怎样的？为什么不见呢？课文哪几小节讲了这些内容？

自己读读课文 1 ~ 8 小节，然后四人小组自己分角色表演一下。

（教室里顿时活跃起来。）

四人小组中学生一人读课文，一人演兔姑娘，一人演鹿先生，一人演鸭先生。

师：哪个小组愿意上来演一演？

教师抽了一个小组，给每个角色戴上头饰。

师：（有些不满意）他们演得好不好？

学生纷纷表示不太满意。

师：哪个组能演得更好？

（学生更加踊跃了。）

通过当堂表演，学生们参与课堂的积极性都得到了极大的提高。

3. 运用多媒体

如果在教学中能运用电视、投影、录音、电影录像剪辑、微机等多媒体手段，由无声变有声，由无色变有色，刺激学生的听觉、视觉，能给学生生动形象的感性认识，使学生有身临其境之感，这对于激发学生的学习兴趣，促使积极思维，会产生积极的作用。一位老师在讲《美国的霸权政策》时，为了凸显"美国侵朝"这个文中内容少、故事情节不多的重点，巧妙地利用电教设备播放了影视《朝鲜战争》的片段，配以幻灯《朝鲜战争形势图》，让其声色交融，图文并茂，变静为动，化抽象为具体。既以其动态性、故事性、形象性、直观性刺激学生的感官、思维，既让学生感到"身临其境"，激发了学习兴趣，又使学生在学习中认识到侵朝战争是美国霸权主义政策在亚洲的具体体现，是当代战争的根源。

4. 有趣的设问

因此在教学过程中，教师如果想办法把一些较为枯燥的文字变成有趣的提问，会大大激发学生的求知欲。例如：鸦片战争前中国是一个版图辽阔的国家，鸦片战争后中国版图渐渐变小。有位老师在讲授俄国侵占我国领土的过程时，在自学提纲中设置了这样的问题：我国如何由一个胖胖的大猪变成一个廋鸡的，同学们，请找出是何人操刀、怎样宰割的？这样的问题大大地增强了

学生的兴趣，同时也活跃了课堂气氛。

以上所讲只是诸多方法里的几种，具体如何做还需要大家在实践中发挥聪明才智，自己去构思、设计。针对不同的教学内容，采用不同的教学方式，使课堂呈现出丰富有趣的氛围，调动学生的情绪，充分发挥学生的学习自主性，提高课堂效率。

第四节　肯定你的学生

有两个 7 岁的男孩，一个叫布鲁斯，一个叫大卫。他们都有一个非常爱他们的妈妈。他们以完全不同的形式开始每天的生活。

布鲁斯每天早晨醒来第一件事，就是听到"起床，布鲁斯！你上学又要迟到了。"

布鲁斯起床后，自己穿好衣服（没穿鞋），进来吃早饭。

妈妈说："你的鞋呢？难道你要光着脚去上学吗？……看你穿的是什么！蓝毛衣配绿 T 恤太难看了……布鲁斯，亲爱的，你的短裤是怎么搞的？怎么撕开了？吃完早饭你去换了，我的孩子不能穿破裤子去上学……倒果汁要小心，别撒得到处都是！"

布鲁斯把果汁倒撒了。

妈妈很生气，边拿来抹布收拾，边说："真拿你没办法。"

布鲁斯嘴里叨叨着什么。

"说什么呢？"妈妈问，"你还叨叨？"

布鲁斯安静地吃完早饭，换上裤子，穿上鞋，收拾好书包，准备去学校。妈妈把他叫住："布鲁斯，又忘拿午饭了。我看脑袋要不是长在你脖子上，你也会忘的。"

布鲁斯拿上午饭，又准备出门，妈妈提醒他："今天在学校表现好点！"

大卫住在马路对面。他每天早晨醒来听到的第一句话是"7点了，大卫。你想现在起床，还是5分钟以后？"大卫翻个身，打了个哈欠，"5分钟以后。"

接着，他穿好衣服准备过来吃早饭，但还没穿鞋。妈妈说："嗨，你已经穿好了，就剩下鞋没穿了……哦，短裤接缝这里有个洞，快开边了，你是站着我来缝呢，还是脱下来？"大卫想了一下，说："我吃完早饭再换。"然后坐下，开始喝果汁，撒了一些。

"擦桌子的布在水池边上。"妈妈边准备午饭边对大卫说。大卫拿来布擦掉果汁。他吃早饭的时候和妈妈聊了一会儿。吃完了，他换下短裤，穿上鞋，收拾好书包，准备去学校。没带午饭。

妈妈叫住他，"大卫，午饭！"

他跑回来拿午饭，谢过妈妈。妈妈把午饭递给他。说："再见！"

布鲁斯和大卫在同一个班。老师在班上对同学说："孩子们，你们已经知道了，我们下周有哥伦布发现美洲纪念日的演出。我们需要一个志愿者，画一个欢迎横幅挂在教室门口。还需要另外的志愿者在演出结束后，给客人倒柠檬水。最后，我们需要有人去三年级其他班，简单介绍我们的演出活动，邀请他们来观看，告诉他们时间、地点。"

有的孩子很快就举起手来，有的试探性地也举手，也有同学没举手。

故事就到这儿，我们就知道这些。后来发生什么了，大家只能猜。花点时间想想下面的问题，问问自己：

1. 大卫会举手当志愿者吗？

2. 布鲁斯会吗？

3. 孩子对自己的看法以及他们愿不愿意接受挑战或冒险有什么关系？

4. 孩子对自己的看法以及他们为自己设定什么样的目标又有什么关系？

现在你已经搞清楚自己的想法了。有的孩子想摆脱在家里受到的轻视，愿意在外面世界里接受挑战。也有的孩子在家里受到关注，但仍然怀疑自己的能力，害怕挑战。不管怎么说，在家里得到赞赏的孩子，比起那些得不到赞赏的孩子，他们的自我感觉会更好，更乐于接受生活的挑战，也更愿意为自己设立较高的目标。

赞赏和肯定孩子，会让孩子越来越了解和认可他们的能力。伟大的教育家陶行知先生说过："你的教鞭下有瓦特，你的冷眼中有牛顿，你的讥笑中有爱迪生。"作为老师，应该尊重每一位学生，认可每一位学生。这不仅仅是一个个出自肺腑的赞词，一串串激人上进的心语；也不只是学生成功时会心的微笑，频频的颔首和惊喜的目光。它更应该是教师在学生失败时期待的眼神，挫折时劝勉的良言和犯错时宽容的暖语等等。

哲学家詹姆士精辟地指出："人类本质中最殷切的要求是渴望被肯定。"热情、向上的学生更是如此。教师的肯定是阳光、空气和水，是学生成长不可缺少的养料；教师的肯定是一座桥，能沟通教师与学生的心灵之河；教师的肯定是一种无形的催化剂，能增强学生的自尊、自信、自强；教师的肯定也是实现以人为本的有效途径之一。教师的肯定越多，学生就越显得活泼可爱，学习的劲头就越足。

第五章　张弛有度，把握课堂节奏

　　课堂教学是一门艺术，有其本身特有的节奏。一堂成功的授课，有开端、发展、高潮和结尾等基本步骤。教师从课堂的导入到课程内容的展开，以结尾的延伸与拓展，要做到运筹在先，成竹在胸，使整节课堂张弛得当，动静适宜，高效有序。这样既减轻学生学习的枯燥乏味，又可提高课堂效率，最重要的是保持了学生的学习兴趣和继续学习的愿望。

第一节　做好课堂导入

　　德国教育家阿道尔夫·第斯多惠说过："教学的艺术不在于传授本领，而在于激励，唤醒，鼓舞。"理想的导入是教师经验、学识、智慧和创造的结晶。它就像一把钥匙，开启学生的心扉，营造愉悦的学习氛围，诱发学生的求知欲望和学习兴趣。导入做得好不好，对后面的教学影响很大。

　　导入的方法很多，下面我们就向大家介绍其中的几种。

1. 直接导入法

直接导入法是最简单和最常用的一种导入方法。它要求教师在上课开始时直接阐明学习目标和要求，以及本节课的教学内容和教学安排，通过简短的语言叙述、设问等引起学生的关注，使学生迅速地进入学习情境。

请看一位老师在讲小学语文第十二册《草原》一课第二课时的导入案例：

师："同学们，上节课我们跟随老舍爷爷访问了内蒙古大草原，那一碧千里、翠色欲流的草原风光是那样令人神往。天涯碧草，美如画卷，已经深深地印在了我们心中。这节课，我们将继续围绕诗句'蒙汉情深何忍别，天涯碧草话斜阳'，去着重体会动态描写，感受蒙汉情深。"

开门见山，直接点题的直接导入，可以使学生迅速进入主题，节省教学时间。

2. 故事导入法

故事导入法是指教师利用学生爱听故事、爱听趣闻轶事的心理，通过讲述与教学内容有关的故事、寓言、传说等，激发学生兴趣，启迪学生思维，创造情境引出新课，使学生自觉进行新知识学习的一种导入方法。

请看下面的案例：

教师：同学们，你们听说过用手抓飞行中子弹的事吗？

同学们神色惊讶，表示不可思议。

学生：子弹飞得那么快，能用手抓住吗？

教师：第一次世界大战期间，一名法国飞行员，在2000米高空飞行时，感觉到有一个小虫似的东西在身边蠕动，伸手一抓，大吃一惊，原来抓到的竟是一颗德国制造的子弹。

同学们个个十分惊疑。

教师：我们今天学的课题"运动和静止"就要探讨这个问题。

采用故事导入时，教师要注意导入的效果不仅与故事本身的趣味性有关，还与讲故事的方式有关。

3. 问题导入法

问题导入法是指教师通过提出富有挑战性的问题使学生产生疑虑，引起学生的联想、思考，从而产生学习和探究欲望的一种导入方法。

请看一位中学物理老师的导入案例：

教师：同学们，咱们班最近参加了拔河比赛，你们说，拔河，从拉绳来看，赢方一端的拉力大，还是输方一端的拉力大？

学生们先是一愣，接着争先恐后地回答：赢方一端的拉力大！

教师：不对！拉绳上两端的拉力一样大！

学生：为什么？为什么？

同学们睁大眼睛惊奇地问道。

教师：因为牛顿第三定律告诉我们：作用力和反作用力相等，今天我们就要来学习这一定律。

问题导入的形式多种多样，可以由教师提问，也可以由学生提问；可以单刀直入，直接提出问题，也可以从侧面提问设置悬疑；可以由直接问句形式来呈现，也可以由"谜语"等形式来呈现。

4. 悬念导入法

悬念导入法是指教师在教学中，创设带有悬念性的问题，给学生造成一种神秘感，从而激起学生的好奇心和求知欲的一种导入方法。悬念或展示矛盾，或使人困惑，要出乎学生意料，造成学生心理上的焦虑、渴望和兴奋，想尽快知道究竟。

下面是一位语文教师在教李白的《赠汪伦》这首诗时的一个案例：

教师："李白是我国唐代的大诗人，可是他上过一次当，受过一次骗。"

（悬念已成。）

学生："上的什么当？他还会受骗吗？"

教师："这个骗他上当的就是汪伦。"

（同学们面面相觑，悬念更悬。）

教师："汪伦是安徽泾县的一位隐者，他非常喜欢李白的诗，崇拜李白的为人，知道李白爱饮酒，'李白斗酒诗百篇'，还了解

李白'三山五岳寻芳遍，一生爱把名山游'，于是写信给李白，信中说：'先生好游乎，此地有千里桃花。先生好酒乎，此地有万家酒店'。"

（教师将"桃花"和"万"字写在黑板上。）

教师："李白和汪伦素不相识，接信后，连忙赶到汪伦那里，汪伦解释道：'桃花者，潭水名也，并没有桃花；万家者，店主人姓万，并没有一万家酒店'。"

（教师在黑板上"桃花"后加一"潭"字，在"万"前加一"姓"字。）

教师："后来，李白与汪伦谈论得很投机，李白离开时，汪伦送了马和布，还同村里人一同送行，李白很受感动，就写了这首诗。诗末说：'桃花潭水深千尺，不及汪伦送我情'。李白要是不上当，就没有这首好诗了。"

（学生们听得津津有味，故事听懂了，诗也记得了。）

利用悬念激发学生的好奇心，引发思考，启迪思维，往往能收到事半功倍的效果。但创设悬念要恰当适度，应结合教学内容及学生的心理承受能力而设置，不可偏离了教学方向。

课堂导入的方法还有很多，这里就不一一列举了。具体应用哪种方法，还需要教师在实践中不断地反思、总结。

第二节　合理的课堂提问

全国著名特级教师于漪曾经讲过这样一件事情：她在讲《七

根火柴》一文时，对无名战士临终前把火柴交给卢进勇这个细节描写，进行过三次教学设计。第一次设计时准备提问学生的问题是"这里运用了什么描写方法？"可是一想到无名战士伟大而崇高的思想境界，这个提问显得是多么苍白无力，于是又改成"无名战士说了哪些话？表现了他怎样的思想境界？"尽管这个问题也可以把学生的思维引向深入，但是这还是只是从问题的表面出发，学生不会从中受到震撼。于是于漪老师又进行了第三次设计，将问题改为："无名战士留给人间最后一个动作是什么？留给人间最后一句话是什么？你从中感受到了无名战士怎样的情怀？"当这个问题提出来以后，学生们争先恐后积极发言，不仅使学生的思维活动得到了有效的训练，还使学生受到了强烈的革命英雄主义教育，收到了非常好的教学效果。

课堂提问可以激发学生的学习兴趣，帮助学生复习巩固所学的知识和技能，给学生提供一个发表看法和沟通、交流的机会，培养学生的思维能力和表达能力。同时，课堂提问还可以活跃课堂气氛，促进师生之间的情感交流，吸引学生的注意，有助于课堂教学活动的顺利进行。合理的课堂提问，是教师上好课的催化剂。

课堂提问的方法主要有以下几种：

1. 知识性提问

知识性提问是考查学生概念、字、词、公式、法则等基础知

识记忆情况的提问方式，是一种最简单的提问。在知识性提问中，教师通常使用的关键词：谁、是什么、在哪里、什么时候、有哪些、写出等。

如：

矩形的面积公式是什么？

请大家一起背诵《赠汪伦》：李白乘舟将欲行，忽闻岸上踏歌声。桃花潭水深千尺，不及汪伦送我情。

2. 理解性提问

理解性提问是用来检查学生对已学的知识及技能的理解和掌握情况的提问方式，多用于某个概念、原理讲解之后，或学期课程结束之后。理解性提问是较高级的提问。在理解性提问中，教师经常使用的关键词是：请你用自己的话叙述、阐述、比较、对照、解释等。

例如：

你能说出水污染对人类的生存有什么影响吗？

用自己的话阐讲述《小桔灯》这篇课文的中心思想。

你能说明两次国共合作的历史背景有什么不同吗？

3. 应用性提问

应用性提问是检查学生把所学概念、规则和原理等知识应用于新的问题情境中解决问题的能力水平提问方式。在应用性提问中，教师经常使用的关键词是：应用、运用、分类、分辩、选择、举例等。

请看下面的例子：

运用所学的历史知识分析陈胜、吴广农民起义的起因。

用千分尺测量一根金属丝的直径。

运用所学过的面积公式，计算你家里的面积。

4. 分析性提问

分析性提问是要求学生通过分析知识结构因素，弄清概念之间的关系或者事件的前因后果，最后得出结论的提问方式。在分析性提问中，教师经常使用的关键词是：为什么、哪些因素、什么原理、什么关系、得出结论、论证、证明、分析等。

例如：

我国当前为什么要采取公有制为主体，多种所有制并存的经济制度？

为什么坏血病曾一度是海员的常见病？

《詹天佑》一文讲解后，设计这样一个问题：本文写詹天佑修筑京张铁路的事迹，表现了他是一个爱国工程师，为什么却用很大篇幅写帝国主义的阻挠和自然条件的恶劣，这与文章表现的主题有什么关系？

5. 综合性提问

综合性提问是要求学生发现知识之间的内在联系，并在此基

础上使学生把教材内容的概念、规则等重新组合的提问方式。这种提问可以激发学生的想象力和创造力。在综合性提问中，教师经常使用的关键词是：预见、创作、假如……会……、如果……会……、结合……谈……、根据……你能想出……的解决方法、总结等。

假如《项链》中的玛蒂尔德没有把项链弄丢，你推测舞会后她的生活会发生变化吗？会有什么变化？

假如地球上的森林被砍伐光了，地球会发生什么变化？

你能预测一下，地磁极突然颠倒会有什么情况发生吗？

6. 评价性提问

评价性提问是一种要求学生运用准则和标准对观念、作品、方法、资料等作出价值判断，或者进行比较和选择的一种提问方式。它要求学生能提出个人的见解，形成自己的价值观，是最高水平的提问。在评价性提问中，教师经常使用的关键词是：判断、评价、证明、你对……有什么看法等。

请看下例：

通过《项链》这篇文章，你怎样看待法国各阶层人民的生活？

你怎样看待少女贞德的牺牲精神？

你是赞成这个结论还是反对这个结论？原因是什么？

课堂提问是优化课堂教学的必要手段之一，也是教师教学艺术的重要组成部分。恰如其分的提问不但可以活跃课堂气氛，了解学生掌握知识情况，而且可以诱发学生思考，开发学生智能，达到培养学生综合素质的目的。教师要想上好课，合理的课堂提问就是必须具备的一项技能。

第三节　注意教学过渡

要想提高教学效果，教师不仅要保证整个教学活动的节奏跌宕起伏，错落有致，而且要注重各个教学环节之间有机关联，互相贯通，层层推进。而这就需要教师掌握课程过渡的技巧。

教学过渡一般有 3 项基本要求：过渡要自然；过渡要能引发思考；过渡要因情而异。下面我们就来介绍几种常见的过渡方法。

1. 分析法

这种方式是指将众多的内容及问题进行必要的分析、精简、归纳、总结、梳理，以导出重点要讲的问题，进而使课堂教学的目的任务更为明确。

如有的教师在讲《邓小平理论简明教程》中的"解放思想、实事求是是邓小平理论的精髓"时，首先从邓小平理论产生和形成的思想基础分析，其次从邓小平理论的形成发展的历史起点和逻辑起点分析，再次从邓小平理论发展的内在机制进行分析，最后，进行分析归纳过渡："现在我们把这些问题归纳成一个：那

就是为什么邓小平始终把重新确立和坚持解放思想、实事求是的思想路线摆在最重要地位的原因，也是为什么人们把解放思想、实事求是看作邓小平理论的精髓的原因。下面我们详细学习这个问题。"

这样的课堂过渡语常常会起到纲举目张的作用，承上启下，自然地带出课堂教学的下一个环节。

2. 演绎法

演绎法是用于前后环节的教学内容在逻辑上是推论关系的衔接方法。使用该法进行过渡，首先，要复习前一个环节所得出的一般性结论或定律，这是进行演绎性衔接的前提；其次，要向学生揭示该节的结论或定律将要推论或应用的方面；最后，顺势引入下一个教学环节。

有位老师在讲授《马克思主义哲学》中的"物质世界的辩证发展规律"时是这样过渡的：

通过前面的学习我们知道了世界是物质的，而物质世界又是普遍联系和变化发展的。那么，这种联系和发展是随意的呢？还是有规律的呢？这就是我们下面所要讲的问题——物质世界的辩证发展规律。

这种方式入题较快，内容鲜明，给人以清醒的提示，效果明显。

3. 提问法

提问法是通过富有新意的问题的创设，将学生从一个问题带到另一个问题上去，以实现课堂教学内容的转换和课堂整体结构的安排的天衣无缝。

一位教师在讲《国际贸易管理学》中的"世界贸易组织"一章之前是这样过渡的：

师："请问同志们，2001 年我国对外开放中的一件大事是什么？"

生："加入 WTO。"

师："对，就是入世。下面我们就有关世界贸易组织的一些基本问题进行学习。"

通过问题的提出，引进学生的兴趣，并使其注意力实现了预料中的转移。

4. 案例法

案例法是在讲授过程中选用恰当的案例来引导学员把注意力转向下一个问题。有位老师在讲《国际贸易管理学》中的"国际贸易术语"一章之前，首先讲了下面这个案例：

我一公司按到岸价出口一批货物，货物因货轮在途中触礁而遭受灭失，买方要求我方赔偿损失，我方是否应当负责赔偿？为什么？"让学员大胆分析该案例的种种答案，在分析了几种可能

性后，教师说："在这个案例中，我方不应该赔偿对方损失，为什么呢？这就涉及到国际贸易实务中的贸易术语问题。下面我们来学习国际贸易术语这一章。

这样的过渡，既能激发学生探求问题答案的积极性，又提高了学生的分析能力和思维能力，还达到了内容转移的目的。

5. 悬念法

悬念法是以激发求知欲，发展学生思维为目标的过渡方法。

多数老师在讲"1000 张纸叠在一起厚9.2厘米，平均每张纸厚多少毫米？"这道题目时，先让学生做，再请学生报答案，然后评论一下对错，就算讲完了。事实上，这个问题的价值还远不止于此，教材编写者的意图也远不止于此。如果老师能利用好这个问题，就能发挥更大的教育价值。比如，引导学生发现一张看起来没厚度的纸，原来还是有厚度的，如何量出肉眼难看到的厚度？原来还可用数学的层叠与平均数来算纸的厚度，那头发丝能不能算出它的直径或重量？

悬念法利用学生的好奇心理，在对教学内容的仔细揣摩的基础上设置悬念，使学生产生求知欲，从而获得良好的教学效果。

教学过渡最主要的作用就是承上启下，它能把一堂课的各个部分连成一个有机的整体，适时地引起学生的注意，使学生快速进入下一个教学环节。过渡做得好，学生就能很好地沿着教师的教学思路进行后续的学习，并始终处于思维活动的最佳状态。

第四节 结尾 3 分钟

"通过这节课的学习，你有什么收获?"，"你还有什么不懂的地方?"

面对老师千篇一律的提问，学生也总是波澜不惊的回答，老师和学生似乎已经习惯了这样的课堂结尾方式，也许，在许多人的心里，一节课最后的 3 分钟本来就应该是这样子的。

一堂好课，不仅应当有良好的开端，还应该有耐人寻味的结尾。耐人寻味的课堂结尾，应以"不全"求"全"，在"有限"中追求"无限"，突破课堂教学的时空局限。使学生感到"言已尽而意无穷"，引起学生课后咀嚼、回味，并且展开丰富的联想、想象。

那么，要想给一堂课划上一个完美的句号，都有哪些行之有效的方法呢?

结束一节课的具体方法多种多样，教师可以根据不同科目、不同教学内容和不同年龄段的学生灵活选用。常用的结课方法有以下几种。

1. 归纳法

归纳法是教师引领学生以准确简练的语言对课堂讲授的知识进行归纳、概括、总结，梳理讲授内容，理清知识脉络，突出重

点和难点，归纳出一般的规律、系统的知识结构等的方法。它可以在一节课结束时进行，也可以在有联系的几节课结束后进行。

一位历史老师在讲《第一次世界大战》后的结语是这样的：

这节课简单地说可以小结为一、二、三、四、五。一个原因：帝国主义为重新瓜分世界争夺霸权的斗争；两个侵略集团：三国同盟和三国协约；三条战线：西线、东线和南线；四大战役：马恩河、凡尔登、索姆河和日德兰海战；五个年头：从 1914 年到 1918 年。

这段利用几个数字巧妙地进行归纳的结语，提纲挈领，概括明确，使学生在饶有兴趣之中巩固了知识，又在头脑里留下清晰、整体的印象。

2. 悬念启下法

悬念启下法是课结束时，教师选择时机设置悬念，引发学生探究欲望的方法。课堂在扣人心弦处戛然而止，引发学生产生继续探究的强烈愿望，为后续教学奠定良好的基础。

有位教师在讲完"种子的结构"和"种子的成分"后，根据下一课"种子的萌发"的内容，使用启下法结尾：

同学们，通过学习，我们知道了种子的结构和种子的成分。一粒很小的种子，播种到土壤中，有的竟能长成参天大树，有的并不一定能发芽，你说怪不怪？这是为什么呢？要知道这一点，下一节课再给同学们讲解。

有了这样的结尾，就能启发学生去主动预习下一课，为下一课的教学打下基础。

3. 游戏法

游戏法是一种把练习内容寓于游戏之中的结束课堂教学的方法。学生往往对大量的、枯燥的练习缺乏兴趣，甚至产生厌倦心理。采用游戏法结课能帮助他们从厌倦的情绪中解放出来，唤起他们主动参与练习的激情，并从中体验成功的喜悦。

一位教师在结束小学数学"倍的认识"一课时，设计了"动脑筋离开教室"的游戏。师生总结全课后，表扬本课最突出的三名同学，下课时要让他们手拉手先走出教室。然后提出：其余同学离开教室时，动脑筋想一想，怎样走，能让大家一眼就看出剩下的人数是他们的几倍。（全班人数是 3 的倍数）

经过一阵叽叽喳喳的讨论，大家认识到，以被表扬的三个同学为一倍量，思考剩下的学生还有几个 3，即是 3 的几倍。下课铃响了，同学们纷纷三人一组手牵着手快乐地离开了教室。

这样的结尾，自然、巧妙、不落俗套，寓知识的巩固、思维的发展于轻松的游戏之中，悄然之间丰富了学生"倍"的概念表象，深化了对于"倍"的理解。

4. 提问法

提问法是在课堂结束时，教师围绕着教学内容进行口头提问，

教师如何上好每一堂课
Jiaoshi Ruhe Shanghao Meiyitangke

让学生回答。然后教师或其他学生再根据回答的情况进行必要的修正和补充的方法。需要指出的是，口头提问必须针对要点、难点和关键点，切忌走题。

下面是一位老师在上《平行四边形面积的计算》一课时的教学结束：

师：今天我们学习了平行四边形面积的计算，我们是用什么方法求出它的面积公式的？

生：先把平行四边形变成长方形，再根据长方形的面积公式来求平行四边形面积公式。

师：这种方法我们叫什么呢？

生：割补法。

师：我们经常会遇到新的图形，想求它的面积，就可以用这种"割"、"补"的方法，把未知面积公式的图形转化成我们知道面积公式的图形，来求它的面积公式。以后学习三角形、梯形的面积公式也可用这种方法来推导。

5. 发散法

发散法是引导学生对教学过程中得出的结论、命题、定律等进行进一步的发散性思考，以拓宽知识的覆盖面和适用面，并加深学生对已讲知识理解的结课方法。这种结课法可使教学的主题、内容得到进一步拓展，具有培养发散的创造性思维的作用。

一位历史教师在讲完《洋务运动》一课后，在小结时提出一

92

个问题："为什么洋务运动时期，洋务派向外国资本主义国家购买了机器，引进近代的生产技术，却没有使中国走上富强的道路？"当学生作出回答后，教师又提出一个问题："当前，我国为实现四个现代化的需要，也引进外国的生产技术，但为什么却有利于四化建设呢？"

这就使学生在掌握所学知识的基础上，思维又另起波澜，发散开去。

除了以上结课方法，另外还有活动操作法、设疑启发法等结课方法，这里不再一一列举。

一堂好课就如同一场音乐会，不仅要有引人入胜的"序曲"、扣人心弦的"主旋律"，而且也应该有一个让人感到余音绕梁、韵味无穷的"声"。成功的课堂结尾，不仅能巩固知识，检查效果，还能开拓学生的思路，发挥学生的创造性，在热烈、愉快的气氛中把一堂课的教学推向高潮。对于任何一名教师，把握好课堂结尾的 3 分钟都是非常重要的。

第六章　学生也是课堂主角

在课堂上，教师是引导者，学生才是真正的主体。因此，教师要充分尊重学生的这一地位，帮助他们发掘出自身的潜力，启发他们积极思考，引导他们提出问题，把课堂的主动权归还给学生，从而最大限度地发挥他们的主体性作用。

第一节　把课堂还给学生

在传统的教学模式中，所有的教学活动都是围绕如何教而开展的，学生始终处于"接受者"的角色。这种教学模式培养出来的学生已不能适应当今社会对人才素质的更高、更新的要求。基础教育课程改革提出了"将课堂还给学生"的要求，学生在课堂中不仅要接受知识、更重要的是要在教师的帮助下积极主动地、有目的性地去探索知识、实践和发展各种能力。

1. 给学生自主表现的空间

陶行知先生曾经说过："处处是创造之地，时时是创造之时，人人是创造之人。"教师的责任不是把学生训练成像同一个模子刻出来的人，而是要让每一个学生都发挥自己的创造潜能，让学生拥有自主表现的空间。

下面是一个老师讲述的真实的案例：

记得一次上数学课，是要求学生用量角器量不同角的角度的大小，我刚讲完，没想到一个学生莫名其妙地跑了上来。我想他肯定有什么重要的事情，出乎意料的是，他向我借量角器，脸上露出神秘的笑容。我本来想批评他不遵守课堂纪律，但又想知道结果，于是我爽快地把量角器借给他。没想到的是，当我让他走上台前演示时，不光是我还有很多学生，都不约而同的叫出声来：拿反了！再仔细看，原来是他想告诉大家反着量，只要用180度减去看到的度数也可以读出度数来。看到那个学生得意、灿烂的笑容，我当场表扬了那位学生。后来我再去上数学课，那位学生就特别爱动脑筋。

对于学生的创造欲望——哪怕是只有一丁点的智慧火花，我们也必须像母亲呵护孩子一样地去精心保护，多给他们成功的鼓励，少给他们严厉的训斥，否则，创造的幼苗就会很容易的被扼杀在萌芽状态。多些理解和宽容，就会多些成长和创造。

2. 学生当"老师"，老师当"助教"

孔子说："三人行，必有我师焉！"有些知识学生确实已经掌握，甚至比我们的想法更新颖、更独到、更优秀，不妨就让学生来当"小老师"，老师当"助教"。

案例：《小小食品店》（义务教育课程标准实验教科书湖南版第一册第20课）

在学生充分欣赏、交流各式糕点图片后，学生们制作出了各式各样的糕点。

师：你们的作品让老师大开眼界，老师都不知道你们的小手是怎样制作出这些漂亮的糕点的，哪些"小糕点师"愿意来教教我和同学们呀？学生纷纷举手。

生：（摘录学生答案）

1. 我教大家做一种"蔬菜汉堡包"……

2. 我教大家做一种"三层生日蛋糕"……

3. 这一种饼干是我自己想的，叫"七色彩虹"，是这样做的……

4. 我教大家做麻花和面条……

"小老师"边示范边讲解，老师当学生和同学们一起跟"小老师"学做，顺便帮"小老师"做一些准备材料、展示作品、提醒补充之类的助教工作。

在实际操作中，"小老师们"总是争先恐后的把自己的方法教给大家，而且多有经典之作和出乎意料的惊喜。实践经验证明，这样做能充分发展学生的各种才能，让学生体验成功感；能激发学生参与的热情和学习兴趣，培养和提高学生的创新精神和能力。

3. 做好学生的引路人

叶圣陶先生曾说："教师当然须教，而尤宜致力于'导'。导者，多方设法，使学生能逐渐自求得之，不等待教师授之谓也。"教师要善于激发学生的主体意识，将教育的要求转化为学生的学习需要，让他们的主观能动性充分焕发出来，主动、积极地参与教学活动。

下面是一位老师上《家人关怀我成长》时的案例：

师：爸爸妈妈时时处处为我们着想，把我们放在第一位。你关心过他们吗？你可知道爸爸妈妈什么时候心情会不好，你会想办法使他们高兴吗？

生1：我爸爸做生意做得不好，他就会不高兴。

师：哦，爸爸一定是想多赚点钱，让家人过上好日子。你能让他高兴起来吗？

生1：我说："爸爸，没关系的，我们钱少我就省着点花。"

师：你真懂事，老师对你刮目相看。

生2：有一次妈妈和奶奶吵架，她们各自在房间睡觉。我就用零花钱给他们买了一些好吃的东西。

师：奶奶和妈妈的矛盾就这样解决了吗？

生2：没有。

师：同学能不能帮她出个好主意，怎么化解奶奶和妈妈的矛盾。

生3：她可以对妈妈说："奶奶老了，你就让着她点吧。"然后对奶奶说："妈妈比你小，你大人不计小人过，就原谅她吧。"……

师：你真会做和事佬。万紫蓝，下次你可以用同学给你想的办法去试试。

教师要善于从学生实际需要考虑，放开手脚，把课堂还给学生，使学生真正成为课堂的主人。根据学生的年龄特点和认识规律，认真研究，积极探索，找到最适合自己学生的教法。

第二节　让学生成为课堂的主体

《新课程标准》明确指出："在教学过程中，要始终体现学生的主体地位，教师应充分发挥学生在学习过程中的主动性和积极性，激发学生的学习兴趣。"要达到这一要求，最有效的方法就是唤醒学生的主体意识，激活学生的参与意识，使学生的主体作用得到充分发挥。

作为教师，能否充分激发学生的学习兴趣，调动学生的积极性与主动性，对于提高课堂教学效率与学生的课堂学习效率都是至关重要的。

那么，作为教师我们怎样才能确保学生的主体地位呢？

1. 激发学生的学习积极性，增强学生主动学习与探索的信心

俗话说："兴趣是最好的老师。"只有激发学生的兴趣，才会集中学生的注意力，激发他们的主动参与的意识，使他们产生一种内在的学习动力。

例如有位老师在上《用频率估计机会的大小》这节课时，在

刚上课就要求学生自己来做阄，其中第一组做 1 到 4 的阄，第二做做 1 到 5 的阄，第三组做全偶，第四组全奇，然后让他们自己同桌之间进行游戏，比一比看谁获胜的机会大，并且要求学生解释原因。对于学生来说，从一开始就让他们自己制作，并且还要他们参与进来，而且让他们带着问题进行，给了他们自由发挥的空间与权利。通过这种形式教学，即使是班级里基础非常差的学生也能积极地参与进来，而且基本上能够把原因解释清楚，进一步激发学生的学习兴趣。同时，通过学生自己动手实践得出正确的结论，从而纠正自己的错误猜测，培养了学生收集、处理好数据的技能，提高了动手、探索能力。

2. 让学生充分展示自己的个性

古人云：亲其师，信其道。而对于学生而言，身边同学的榜样的例子，所起到的作用是不可估量的。因此教师在教学过程中，要充分发挥学生积极性，主动性，展示他们的个性。一位老师在上五年级《草原》这节课时，让学生自读课文找自己喜欢的词句，然后同桌、小组内交流词句，最后全班交流句子并且说出自己找这些句子的原因。下面是这节课的情景：

生 1：我找的句子是"那些小丘的线条是那么柔美，就像只用绿色渲染，不用墨线勾勒的中国画那样，到处翠色欲流，轻轻流入云际。"因为这些句子中有许多好词语。

师：有哪些好词语？

生1：勾勒、渲染、翠色欲流。

师：这里用这些词语有什么好处？

生1：用这些好词句句子显得更精彩了。

……

生2：我找的句子是"忽然，像被一阵风吹来似的，远处的小丘上出现了一群马，马上的男女老少穿着各色的衣裳，群马疾驰，襟飘带舞，像一条彩虹向我们飞过来"。因为这里采用了比喻的修辞手法。

生3：老师，我想接着他的继续说。

师：好，你继续说。

生4：我喜欢这个句子是因为读了这句后，我的眼前仿佛出现了蒙古族人民穿着各色鲜艳的衣服骑在飞驰的马上向我们奔来，还真像一条彩虹。

……

生5：我找的句子是"蒙汉情深何忍别，天涯碧草话斜阳"。因为它以诗结尾，与众不同。

生6：还有这里以诗结尾语言非常凝练，不但写出了夕阳西下的草原美景，更体现了蒙汉人民的深情厚谊。

生7：这里以诗结尾还点明了主题，升华了中心，起到了画龙点睛的作用。

……

学生为何说得这样精彩？是因为他们有充分展示自己个性的空间。"海阔凭鱼跃，天高任鸟飞。"课堂上我们应该充分发挥学生的自主性，让他们尽情地想、尽情地说、尽情地做，这样他们才能展开双翅在知识的天空里自由地翱翔。

要想提高课堂的效率，教师必须转变自己的角色，要将自己从以前的主导地位转变过来，使自己成为课堂的组织者，引导者，成为学生学习的合作者。同时。也要转变学生的角色，将他们从以前的被动学习者转变为课堂学习的主导者。

你，是否将课堂上的主体交给了学生呢？

第三节　启发学生的思考

子曰："学而不思则罔。"在现实教学中，我们经常会发现，有些教师也会注意到要让学生思考，但是往往只停留在表面上，不能有效地把学生的思考引向深入，不仅造成时间的浪费，还使学生失去一次极好的训练机会。

比如，老舍先生的《在烈日和暴雨下》一文的结尾有这样一句话：祥子哆嗦得像风雨中的树叶。对于这句话，很多教师在授课时都想到了通过设问让学生去思考，然而他们提出的问题却是各不相同：

1. 这句话使用了什么修辞方法？

2. 这句话写出了祥子怎样的情态？

3. 请分析这句话的深刻含义是什么？

4. 请结合当时的社会背景和祥子的悲惨命运，谈一谈你对这句话的理解。

分析这几个问题我们就会发现，前三个问题都属于浅层次的问题：第一个不用思考学生就会知道这句话是比喻的修辞方法；第二个问题是明摆着的，祥子当然是又冷又难受的情态；第三个问题倒是有深度，但是学生该朝着那个方向回答却很不明确，致使学生无法回答。只有第四个问题，学生才会有话说，才可以把学生的思维引向深入，使学生在自我体会中加深对文章主题的理解。

《凡卡》是九年义务教育六年制小学语文第十一册第七单元的一篇外国作品，下面是一位老师在上这节课时的实录：

师：同学们，读了凡卡回忆的内容我们知道在他眼中乡下生活是快乐的、美好的，但乡下生活真的像凡卡说的那么美好吗？请再读一读他回忆的内容，从中找出答案。

生1：其实乡下生活并不像凡卡说的那么美好，文中记叙砍圣诞树这件事时有这样一句话"还跟冻僵的小凡卡逗笑一会儿……"，"冻僵"一词说明凡卡当时也很冷，由此看出很苦。

生2：这一段中还有一处"他想起到树林里去砍圣诞树的总是爷爷"，圣诞节时天气是很冷的，更别说积满雪的树林里了，但就是这样每次砍圣诞树的任务都是让年纪大的爷爷去，这难道快乐吗？

生3：我也在这段中找到一句"爷爷冷得吭吭地咳"看出生活并不美好。

师：刚才大家都从砍圣诞树这段内容寻找，说明乡下生活并不快乐，那同学们还能从其他段落找出答案吗？

生4：文中第五自然段写"他一定在跺着穿着高筒毡靴的脚，他的梆子挂在腰带上，他冻得缩成一团，耸着肩膀……"，这里写出了爷爷很苦、很可怜，那么冷的天还得守夜。

生5：还有第四自然段中"他是个非常有趣的瘦小的老头儿。"看出乡下生活并不好，如果乡下生活能过得去，爷爷就不会将凡卡送到莫斯科当学徒，如果乡下生活好，爷爷也不会那么瘦小了。

生6：第四自然段还写"爷爷是日发略维夫老爷家里的守夜人""白天，他总是在大厨房里睡觉。到晚上，他就穿上宽大的羊皮袄，敲着梆子，在别墅的周围走来走去。"如果不苦能生活下去就不会给别人当守夜人，况且一般人都是白天干活夜里睡觉，而爷爷那么大年纪却只能在白天睡觉夜里干活，他干的是与一般生活不一样的生活，这些都写出乡下生活苦。

师：凡卡真的太可怜了，真令人同情。那他的信爷爷能收到吗？为什么？

生1：我认为不能，因为文中写信封上只写了"乡下爷爷收，康司坦丁玛卡里奇"，没写清具体的地址，况且也没有写邮编。·

生2：也没有贴邮票，没有邮票邮递员根本不会邮。

生3：我认为能，他太可怜了，说不定会发生奇迹呢！

生4：我认为不能，因为文中有这样一句话"邮车响着铃铛，坐着醉醺醺的邮差。"可看出邮差很爱喝酒，整天醉醺醺的，即使写清地址还不能保证信能送到，更别说没写清地址了。

生5：我认为也不能，因为文中最后以梦结束全文，我想它也应该有其深刻含义，意在暗示信是收不到的。

因此，我们在做教学的问题设计时，一定要切记不要使问题表面化，如果学生不经过思考就可以回答上来，那么这样的问题只会是表面上的热热闹闹，实际作用只是耗费时间而已。但是又要避免问题的无序性，学生不知道从哪一个角度来回答，也会失去问题的意义。在这个方法中最重要的就是要根据学生的回答，因势利导，逐步地把学生的思维引向深入，使学生在课堂上始终处于一种思维的状态，久而久之，学生的思维能力就会得到强化。

第四节　引导学生主动提问

许多犹太人家庭里碰到放学的孩子，第一句话就是："你又提问题了吗？"他们认为学习应该以思考为基础，要敢于怀疑，随时发问，积极思考。中国也有句古话："学须有疑，学贵有疑，小疑则小进，大疑则大进，不疑则不进。"但现在的学生普遍缺乏问题意识，不是不敢提问，就是不善于提问，甚至根本就提不出问题。

那么，怎么才能培养和提高学生的提问能力呢？

1. 提高学生提问的积极性

培养学生问题意识的前提是创设一个和谐的情境。学生只有在宽松、和谐、民主、平等的环境中，才能思路开阔，主动参与学习活动，提高问题意识。因此，教师要首先充分爱护和尊重学生的问题意识，使学生敢于发问。课堂上"今天我们一起来研究"、"你是怎么想的""跟大家说说你的想法"、"我们一起来试一试好吗"的语言要多用一些。当学生提出的问题比较幼稚或偏离教学要求，引起全班学生哄堂大笑时，教师应该先给予积极的肯定，赞扬学生敢提问的勇气。避免挫伤提问学生的自尊心。

2. 激发学生的好奇心

有位老师在讲《中彩那天》一课时，采用了"聊生活，谈课文，产生认识差"的方法。下面是他对上课情景的描述：

一上课我就问学生："同学们，你们买过彩票吗？有没有人中过奖？中了奖心情怎样？"

当同学们兴高采烈地谈完中奖的激动心情后，我倏地话锋一转："大家中了奖都是兴高采烈的，可有人中了大奖却忧心忡忡，你们听了有什么想法？"

"不可能吧！""怎么回事？"的声音轰然响起，这个反差果然产生了效果，学生互相交流着疑问。目光中闪动着好奇。

为了进一步吊起他们的胃口，我故作莫测的样子说："是啊，怎么会这样呢？要想知道实情，就请同学们打开书翻到《中彩那天》，默读课文的四——七自然段，读完后，你的心中一定会有解不开的疑团产生，只要你大胆地说出来，那你就是今天最棒的

学生。"

刚说完，学生们就情绪饱满的读起课文来。没过几分钟，有几只手就高昂地举了起来。问题提得准确而又到位，都问到我心坎中去了。比如有的学生问："中了大奖，父亲为什么还不高兴？"我还没有来得及说话，早有学生急得说开了，"老师，我知道答案。"按我的预想，现在还不到说答案的时候，应该再继续提问。可看他那样积极，我实不忍打消他的主动，就先让他说。得到这个机会，那个同学激动地说："我知道父亲不高兴的原因是遇到了一个道德难题。可我还有一个问题：父亲遇到的道德难题是什么？"

听了他的回答，该轮到我激动了，要不是在课堂上，我真想过去拥抱他一下，真是无心插柳柳成荫，他说的正是我最想得到的问题。于是我不由自主夸道："哇，你真是太不简单了，不但解决了同学提出的问题，还提出了一个最有价值的问题，一个最值得我们思考的问题。"我把他的问题写在黑板上，接着说，"下面我们就围绕这个问题展开学习，我相信你们还能像刚才那个同学一样发现更有价值的问题。"受到激励的学生，一个个都跃跃欲试。读书也读地空前的认真仔细。

3. 联系生活，拓宽学生提问的途径

学生不善于发现并提出问题，这是因为他们不知道问题来源于哪里。因此，可以让学生通过日常生活中的实例发现问题，并

在教师的指导下自主提出问题。

有位老师在教《三角形的稳定性》时，先让学生观察学校外面正在施工的一幢大楼外墙上的棚架，问：从这个棚架上你看到了什么？想到了什么？经过观察，有学生说："做棚架的竹子都是扎成长方形的。"另一学生立即表示不同意："不对，你没有看到棚架上还有三角形吗？"他的这一发现让很多同学都产生怀疑，都纷纷认真地再观察一次，最后都同意了棚架上有三角形的意见，并且表示在其他的工地棚架也基本是这样搭建的。于是，学生就不约而同地提出了同一个问题：为什么搭一个棚架要用上三角形的形状？三角形在这里有什么作用呢？

古人："学起于思，思源于疑。"问题是学生主动学习的最初源泉，是点燃学生思维的火花，是学生保持不断探索的动力。教师应树立教为学服务的意识，创设问题情境，激发学生主动参与探索学习的欲望，从而培养学生的问题意识，提高学生的参与意识。

第五节　帮助学生发掘自身潜力

一天深夜，一个声音传进了一个小女孩的卧室，将刚满 4 岁的她惊醒。那个声音持续不断地在窗玻璃上刮擦着，又响亮又刺耳，十分可怕。透过窗帘，小女孩隐隐约约地看到一个影子在黑暗中移动。她非常好奇，想知道黑暗中的那个声音是何物，来自何方，于是便想象着各种可能的解释。过了良久，她悄悄从床上

爬起来，向父母的卧室走去，摇醒母亲，喊道："妈妈，有一个天使正在擦我的窗户。"

此时，妈妈虽然睡意蒙眬，但仍对女孩说："一个天使？太好了。亲爱的，你替我向他问个好。"很显然，这位母亲恰到好处的应答不仅没有打击小女孩，还为她的想象力添加了一种新的祝福，鼓励她对自己的想象力充满信心，挖掘了孩子的内在潜力。

这位女孩就是苏·基德，长大后成为一位深受读者欢迎的女作家，处女作《蜜蜂的秘密生活》曾畅销了80多个星期之久，她所写的女性心灵小说《美人鱼椅》高居《纽约时报》畅销书上榜新书榜首。

学生的内在潜力是多种多样的，当这些潜力探出头时，老师应及时分辨并积极给予鼓励和呵护。作为老师，应该是引导学生成长、挖掘学生内在潜力、帮助他发挥长处、看清自身优势的心灵之灯。

下面是一个真实的案例：

新学期开学了，父母又开始关注孩子的学业。我想起了那个孩子，调皮贪玩，学习糟糕，任课教师经常告状，天天将独家网络设计和相关新闻带到课堂，被没收的有厚厚一叠。母亲也哭诉着求助教师，孩子对学习不感兴趣，只是屈从。

糟糕的事情又发生，孩子一份心爱的电脑报纸在上课时又被老师没收了。班主任找孩子谈话。"为什么上课看报纸？"孩子脱口而出："下一节信息课要设计网上'浦东一日游'线路，我想查找网站，增加材料。"于是，班主任告诉他，全力支持他参加学校里最佳"'浦东一日游'线路"的比赛。不过"约法三章"，不能在上课时看书报。孩子很快取回心爱的报纸，兴奋不已。

第二天，母亲急匆匆赶去告知班主任，孩子仿佛变了个人，上网设计了"'浦东一日游'线路"，半夜传到老师的邮箱，早晨起来精力充沛。后来的结果让人始料不及：学校决定采用这条被评为信息课网上最佳设计的价廉高效线路；两家少儿报纸几乎同时刊发了以此为题材的"网上游浦东"习作，孩子的学习成绩也大为改观。

每个孩子在某个方面都有其特有的天赋，发现孩子天赋，挖掘孩子潜力，在他感兴趣的基础上加以正确的引导，使他成为一个优秀的人才；相反，如果逼孩子做他不愿意做的事，结果反而会事倍功半。

每个人身上都潜藏着巨大的潜力，只是往往它们没有被人注意到而已。

曾经有一部电影，名叫《万能运动员》。影片讲述了一名教练通过一些幽默、残酷的手段激发队员的潜力，把一群原本无所事事的乌合之众训练成超级运动员，最终站上了最高领奖台。虽然这是一部搞笑的电影，但影片中教练的做法未尝不可一试。我们教师如同教练，运动员就是学生。无论面对怎样的学生，教师的首要职责就是尽可能地发掘他们的潜力，使孩子们快乐学习，健康成长。

在与学生们接触的过程中，我们常常发现这样的情况：学生们对于他们想干的事，感兴趣的事、入迷的事、往往饭可以不吃、

觉可以不睡，就是遇到一些困难或问题，老师和家长不插手，他们自己往往也会想方设法去对待、去解决。这说明，学生的内在力量在他们的成长发展过程中是十分巨大的。

从某种意义上说，对学生内在潜力的挖掘，学生内在力量的充分发挥，往往就会最大限度地避免学生智力的浪费。那么我们教师该如何做呢？

一是注重激发、培养学生各方面的兴趣爱好，激发学生的学习热情。对学生提出的问题有问必答，不懂也不敷衍；引导学生感受大自然之美等等。这个过程，就是挖掘学生内在潜力，调动、发挥学生内在力量的过程。

二是及时对学生进行科学引导，科学的思维方法、学习方法上的引导等等。使学生把内在力量的充分发挥与科学态度、科学精神紧密地结合起来。这是学生内在潜力、内在力量得以充分发挥并能坚持下去的前提和基础。

一个优秀的教练能把一个平庸的运动员磨炼成超级巨星。只要方法得当，坚持努力，我们教师也能挖掘出孩子身上异乎寻常的神奇之力。

第七章　精彩纷呈的课堂互动

　　站在讲台上的你，相信绝不愿意看到自己的课堂死气沉沉，没有回应。那么，怎样才能让你的课堂散发出活力，让所有的学生都能在你的课堂上尽情展现自己的能力，在轻松愉快的氛围中消化吸收你传授给他们的知识呢？这是一个需要你好好动脑筋去思考的问题。

第一节　加强师生互动与合作

　　你有一个苹果，我有一个苹果，交换一下，我们仍旧只有一个苹果；你有一种思想，我有一种思想，互换一下，我们就有了两种思想。课堂上的师生互动和交流合作，不但能实现相互沟通、相互影响、相互补充，从而实现共识、共享、共进，而且还可以让学生获得更多的信息，同时交流过程中的思维碰撞，往往能迸发出一朵朵智慧的火花。

　　现代教学论指出：教学是教师的教与学生的学的统一，这种统一的实质就是师生间的互动。《基础教育课程改革纲要》也明确指出，教学过程是师生交往、共同发展的互动过程。因此，构

建互动的师生关系、教学关系，是教学改革的首要任务。

课堂互动的方法很多，下面我们就略举两例来进行说明。

1. 兴趣导入

"兴趣是最好的老师。"感兴趣的事物会使学生乐此不疲、全心投入。有趣的课堂使学生舒心、安心，积极踊跃的发表所见所闻、所感所悟，乐于把自己的理解感悟与他人共享。因此，教师在教学过程中要善于抓住学生的好奇心理，激发学生互动的兴趣。

下面是一位老师在讲授苏教版小语国标本第二册课文《小池塘》时的案例：

（学生齐读课题后）

师：小朋友，读了课题以后，你想到了些什么？

生：我想到了雨点在池塘里睡觉。

生：我想到了小池塘里的水是碧绿碧绿的。

生：我想到了小池塘里倒映着许多美丽的景色，有树、有白云。

师：小朋友们说得真好，我们平时就要养成一边读一边想的好习惯。（此时，音乐渐渐响起，媒体展示小池塘迷人的景色）

师（声情并茂地描述着小池塘的景色）：瞧，春姑娘来到了小池塘的身边，她轻轻地吹了一口气，小池塘就醒来了……

生（被老师的描述以及优美的画面深深地吸引了，十分投入）

师：小池塘的景色美吗？（生迫切地想打开书本读书）赶快打开书本读一读。

生（自由读书）

在这里，老师首先让学生主动接触课题，大胆想象，产生好奇心和求知欲，接着借助多媒体课件以及教师声情并茂地描述，把学生深深地吸引到课文的情境之中，从而触发了学生的阅读欲望，真正激发了学生与课本之间的互动。

2. 创设情境

《古今贤文》是苏教版第十册课本上的一篇独立阅读课文。不少学生都觉得兴味索然，文字枯燥，然而有位老师经过设计，却收到了意想不到的效果：

师：同学们，你们在读的过程中，发现这篇文章与我们以前学的有什么不同？

生1：这篇课文收集的都是古今一些含义深刻的格言警句，读了能使人受到很多启发。

生2：我发现这篇文章短小精悍，都是告诉我们生活中的道理：第一节的句子都说明了遇事要实事求是，深入实践的道理；第二节则告诉我们在日常生活中要做个谦虚、勇于改正错误的人。

师：看来，你们已初步读懂了这篇文章。愿意挑选其中的一句或两句话，写在你自制的小书签上，然后送给你的好朋友吗？（我边说边向学生展示了自制的书签）

（话音刚落，学生便立即兴趣盎然地诵读起课文来，然后在书签上工工整整地写下送给朋友的话，并配上图画，其神情极为专注。）

师：（待学生加工好书签后）同学们，你们送给朋友的是哪句话？为什么要把这句话送给他（或她）？

生3：我把"孔小不补，孔大受苦"这句话送给蒋逸帆同学。蒋逸帆，其实你很聪明，就是因为你平时上课总是开小差，作业不认真做，才造成学习成绩下降的。希望你牢记这句话，赶快痛改前非，补好这个"孔"，相信经过努力，你肯定会进入优秀同学的行列的！

蒋逸帆：谢谢你的忠告，我一定会把你的话深深地印在我的心里！

生4：我把"满招损，谦受益。自满的人学一当十，虚心的人学十当一。"这两句话送给张维颖同学。大家都知道，上学期，她是我们班名副其实的三好学生，是我们学习的榜样。但自从那次家长会上，她爸爸代表优秀学生家长发言后，她就骄傲自满，放松了对自己的要求，因此成绩直线下降。虽然老师多次提醒她，但她总执迷不悟。我希望她牢记这两句话，做个谦虚好学的人。要知道，"山外有山，人外有人"！

张维颖：（手捧朋友赠送的书签非常激动）谢谢！我一定会珍藏这张书签，并把这两句话作为我的座右铭，让它们时刻提醒我、激励我。老师、同学们，看我的行动吧！

生5：哈舒欢同学，我发现你总是喜欢一个人静静地待在室内，不喜欢到大自然中去玩耍。我外公曾经对我说过：大自然就像一本丰富多彩的无字书，只有投入到大自然的怀抱，才能学到真正的活知识。因此，我把"近水识鱼性，近山识鸟音。"这句话赠送给你。

师：我想，还有许多同学也很想亲自把书签送到朋友的手中。现在，就请大家离开座位，向你的朋友送去一份浓浓的情谊和你对他（她）的希望吧！

……

师：同学们，当你接到好朋友送给你的这句话的时候，也许会感到听得不顺耳，但这些都是"忠言"啊！老师把"良药苦口利于病，忠言逆耳利于行"这句话送给你们，让我们一起共勉，好吗？

现在，我们来个比赛，看谁在五分钟之内记住的格言警句最多？

（五分钟后，有许多学生竟能把课文背得滚瓜烂熟。连平时记忆力较差的学生也能一口气说上六、七句格言警句。）

这位老师通过创设制作书签送朋友这样一个情境，不仅有效实现了课堂互动，而且也取得了非常良好的教学效果。

师生互动是让老师和学生充分参与课堂教学的重要宗旨，只有师生充分动起来，才会让学生在一节课中获得最大的收效，当然老师也是真正的受益者，既提高了课堂教学质量，又从学生身上学到了好的方法。

第二节　激发学生对问题的兴趣

学生是学习的主体，所有的知识只有通过学生自身的"再创造"活动，才能纳入其认知结构中，才有可能成为有效的和用得上的知识。而要想使学生能够进行"再创造"活动，首先就必须使他对课堂上的学习内容感兴趣。

1. 创设故事情境

故事特别容易引起学生积极的情感体验，诱导学生的求知欲望。它能激活学生已有的知识经验，使学生在积极情感的支持下，积极参与认知活动。在教学过程中，我们要注意创设故事情景，在故事情景发生过程中学习知识、体验知识的价值。

下面是一位老师在上《平面图形面积复习》时的案例：

师：有一位国王很喜欢下棋，棋艺也很高。一天他贴出了一张布告：谁能战胜国王，就奖励给他一块土地。一个聪明的年轻人来揭了榜，经过较量，果然战胜了国王。可是，国王想耍赖，拿出一块羊皮说道："用这块羊皮去海边，你能划去多大的土地都归你。"一块羊皮的面积实在太小了！聪明的年轻人苦思冥想，终于想出了一个好办法，那就是把羊皮做成细细的羊皮条，再用羊皮条去圈地。那么，该怎么圈地，聪明的年轻人得到的土地面积才最大呢？

（随着教师富有感染力的解说，同学们的注意力高度集中，思维非常活跃。）

生1：正方形的面积最大，围成正方形。

生2：圆的面积更大，应该围成圆形。

生3：应该利用海岸线，围成半圆，这样面积肯定最大！

师：既然大家各自的意见不统一，那看来我们很有必要通过计算刚才大家提到过的图形面积来确定结果。那好，这节课我们就来学习平面图形的面积吧。

……

这样的情境，不仅促使学生主动地搜索有关正方形、圆、半圆等的知识，而且激发起了学生对于如何计算这些图形面积的兴趣，使学生产生了应用数学知识解决实际问题的迫切感，印象深刻，经久难忘。

2. 引发学生的好奇心、好胜心

在课堂教学中，必须精心设问，巧于提问，尽量引发学生的好奇心，让学生多思，鼓励学生去发现问题，大胆发问。

比如有位老师在讲"查找与替换"一节课时，设计了2个问题：

（1）这篇文章中"的"字出现了多少次？第10次出现在哪里？

（2）想把文章中的"计算机"都改为"电脑"该怎么办？

117

把"病毒"两个字都改为"隶书，红色，加上着重号"又该如何做？

这两个问题的提出，使学生开始思考，积极性调动起来，打开了思维的大门。在学生以往所学的知识不能很好的解决问题时，这位老师及时地进行了点拨讲解，起到了水到渠成的作用。

又如："版面设计哪种样式好看呢？我总是左右不定，哪位同学能给我以启示？"

这种问题情境的设立，激发了学生的好奇心、好胜心，大家纷纷发表自己的见解，起到了启发思考的作用。

此外还可以利用学生好胜的心理在关键处设问，"还是不能说服让我下决心，还有其他更好的理由和样式吗？"促使学生不满足现状，集中注意力，积极思考，让他们通过主动思维学习新知识，得到新规律。

第三节 开展生动有趣的课堂讨论

如何让课堂变得生动有效，让学生学到更多有用的知识？课堂上生动的讨论不失为解决这一问题的有效方式。

我们来看某中学课堂上的这个案例：

老师：《孔雀东南飞》中，刘兰芝长得漂亮秀气，又善于女红，勤劳善良，与丈夫焦仲卿感情甚笃，恩恩爱爱。可是令人费解的是，焦仲卿的母亲偏偏就讨厌刘兰芝，还逼迫儿子休掉了刘兰芝，最终导致了悲剧的产生。为什么焦母会讨厌刘兰芝呢？请学生们自由讨论。

甲同学："恋子情结"在作怪

焦仲卿的父亲死得早，焦仲卿就成了家里唯一的男性。按照弗洛伊德的精神分析学说，单亲家庭中的母亲，比较容易产生"恋子情结"。焦母长期守寡，失去了丈夫的关爱；"汝是大家子"也可以看出，焦家属于上流社会，尽管已经家道中落，但是焦母必须保持矜持，自然就很少接触男人。因为长期得不到男人的爱，她就把对男人的渴望寄托在了儿子身上，并且衍化为占有性质的爱。兰芝嫁入焦家后，焦仲卿对兰芝喜爱得不得了，简直是爱得死去活来（仲卿后来为兰芝殉情便是明证）。兰芝独占了焦仲卿的爱，这就引起了焦母的强烈嫉妒。所以焦母借故刁难，逼迫儿子休了兰芝。本来，如果焦母能够经常出去和男人打打麻将，喝喝茶，或者找个男人再婚，她的性格可能就不会那么怪僻了。

乙同学：更年期征是根源

如果我们稍微估算一下，焦母这时候大概是四五十岁，而这个年龄的女性已经进入了更年期。更年期的妇女心理上突出表现为多疑，烦躁，常常为一点鸡毛蒜皮的小事而大动干戈。仲卿常常不在家，小姑的年龄还小，那么患有更年期综合征的焦母的无名烦躁之火自然就发向刘兰芝了。刘兰芝"勤心事公姥"，却反而为焦母所不容，所以刘兰芝感叹说"无故遭驱遣""君家妇难为"。民间有"媳妇熬成婆"一说，这个"熬"字就说明了古代的媳妇难做，究其原因，就是因为婆婆们都进入了更年期。如果当时焦仲卿多买几盒"静心口服液"给母亲的话，可能就不会发

生这样的事情了。广告上不是说吗，"静心买来送给妈，让她不烦不躁睡得好，年轻动人貌美如花"。

丙同学：都是晚育惹的祸

"不孝有三，无后为大"，刘兰芝和焦仲卿结婚五六年（"共事二三年"，古文中小数字在前，大数字在后为两数相乘，故六年）了，却没有生一男半女。焦仲卿又是家中独苗，要是不生个儿子就要断了焦家的香火。同房六年没生育。只有两个原因。一是夫妻一方没有生育能力，焦母把责任推在了媳妇身上。这其实不算个问题，只要到不孕不育专科门诊检查一下，再治疗，很快就可以怀上了，所以这个原因可以排除。再者就是刘兰芝思想观念前卫，她可能极力主张晚育。因为她觉得，现在大家还年轻，正是丈夫干事业，妻子干家业的时候。焦仲卿这时还是个小公务员，职位和薪水都不高，如果这时生个孩子，会分他的心，影响他工作，耽误他前程。刘兰芝服侍婆婆、照顾小姑任务很重，如果这时生个孩子，肯定忙不过来，坐月子都困难。所以她想等以后焦仲卿做了大官，家里请了保姆再来生小孩。焦母劝她，兰芝不听，焦母就说她"举止自专由"，所以要休掉她。

丁同学：不善沟通遭休弃

有人曾经总结，为人媳妇如果做不到"河东狮吼"，就要做到"嘴上抹油"。"河东狮吼"难度太大，社会也不提倡。但是"嘴上抹油"还是必要的，这也是一种沟通交际手段，刘兰芝缺少的正是这一点。刘兰芝十分勤劳，"鸡鸣入机织，夜夜不得息，三日断五匹"，可是这些没有讨来欢心，反而招致厌弃。按道理，刘兰芝所受的教育应该是很好的，"十三能织素，十四学裁衣，十五弹箜篌，十六诵读书"，可以说是知书达礼，才情优雅，擅长女红。可是她偏偏没有学习公共关系学这门功课，不知道如何与婆婆进行沟通交流。刘兰芝有"做"功，却没有"唱"功。这就好比一个秘书，只一味地埋头苦干，不会溜须拍马，是得不到领导器重的。假如，刘兰芝嘴巴很甜，一天，她上街卖了布，给婆婆买了一件时装，回家对婆婆说："妈，今天我到专卖店特意为你挑了一件最新款的时装，你穿上试试。哇噻——真漂亮啊，这衣服就是专门为你设计的，你应该去做这个牌子的广告代言人。"你说，如果你是焦母，你会讨厌这样的儿媳妇吗？

……

同学们一个个站了起来，高谈阔论，一个个妙趣横生的见解令人瞠目结舌。他们口若悬河，理论与实际相结合，令教科书上的讲解显得黯然失色。

生动的讨论是课堂的灵魂，苏霍姆林斯基说过，应该让我们的学生在每一节课上"享受热烈的、沸腾的、多彩多姿的精神生活。"教师要在教学中不断探索课堂讨论的新形式、新思路，给课堂注入活力，开启学生的探索之门。

第四节　放宽对学生不必要的限制

"自由"二字是每个人都向往的。可是往往在课堂上，教师不知不觉就给学生套上了枷锁，同时也给自己和这个课堂套上了

无形的枷锁，令双方都非常疲倦。要想学生在课堂上能积极配合，我们老师就要像放风筝一样。把它们送上蓝天，自由飞翔；在起风时又能及时收线，回到陆地，给他们营造一个自由宽松的环境。

有位计算机老师讲述了这么一个案例：

学校新机房建好了，学生们一个比一个高兴，因为终于可以不用为等待开机和重启浪费时间、不用为蓝屏和死机郁闷恼火了，终于可以感受一下飞速上网的感觉了．于是在机房投入使用的第一节课，他们就迫不及待打开浏览器搜索那些小游戏，我看着他们那投入的劲，不忍打断他们，可是作为老师、身处课堂，我还是让他们马上关闭了游戏。可是这时候学生上课的心一点都没有，而且有抵触情绪，这时候如果讲课没有效果。于是我就告诉他们，老师仔细讲，你们认真听，谁先完成任务且保质保量，你就可以有 5 分钟的游戏时间，这时大家的兴趣来了，都让快点讲好让他们快点做。结果只用了不到 30 分钟的时间学生就大部分完成了教学任务，而且听讲认真，看来做什么都需要动力啊。

在以后的课堂中只要教学任务完成，我都会给学生留下 5 ~ 7 分钟的时间用来自由活动，他们可以游戏，查看新闻等等，在这过程中他们学会了怎么样使用搜索引擎，怎么样下载图片、文字、歌曲和软件。而这些是在他们升入高一年级才要学习的知识。

兴趣就是最好的老师，只要我们正确引导，放宽对学生不必要的限制，让他们充分发挥，就能达到事半功倍的效果。

在许多教师的眼中，认真听讲、遵守纪律的学生就是好学生，而那些大胆质疑、经常提出问题的学生却经常受到指责。这种教育模式在很多时候抹杀了学生好玩爱动的天性，结果，本应生动活泼的教育变得死气沉沉，原来充满想象和创造热情希望的学生变得墨守成规、孤陋寡闻。

来看下面这个案例：

一个星期四的下午，感觉头晕晕的，刚在三年级上了音乐课，闷闷的，特别没有力气，接下来是二年级的音乐课，这个班级是全校中最活跃的，进教室时我还是很担心几个调皮的孩子会不会在这节课给我出"难题"。上课前，我和孩子们说了情况，大家像小大人那样理解着我，着实令我感动！我告诉大家今天是一节欣赏课，大家多说说老师听着！我开始给大家欣赏《加伏特舞曲》。一开始大家都很认真地听着，我静静得观察着，有些同学的脚还随着音乐轻轻抖动，有些同学闭着眼享受着音乐。突然，在一片音乐声中，传来两声鸭子叫——嘎嘎。我皱了皱眉头：哎，你还是开始了。可好，两声鸭子叫，引出两声猪哼哼，又引出青蛙叫——呱呱，小鸟叫——唧唧，母鸡——咯咯。这下教室里就俨然是一动物园了。那领头的"小鸭子"见我不动，得意地离开了位置，学起了鸭子走路，不过我观察他还是很和着音乐节奏的。可这时音乐却结束了。

师：为什么大家听着听着学起了动物叫，还学着动物走路？是不是存心破坏课堂！（我佯装生气）

生（"小鸭子"）：不是的，老师别生气！我觉得这音乐好像里面有一大一小两只鸭子。鸭妈妈在前面走，小鸭子在后面跑。

生：不对！我觉得是小猪在吃午饭，它吃得很香，还直哼哼！

生：我认为是小青蛙在池塘边捉害虫。

生：老师，我觉得这个音乐可以跳舞的

生众：对！对！对！可以开一个动物舞会。

生；不对！我觉得不是在跳舞，是在劳动。就像七个小矮人就在深山里劳动。

师：哦？那你们为什么觉得音乐在跳舞，在劳动？

生：它们有弹性啊！一蹦一跳的，就是在跳舞。

生：它们会变花样，很好听！

生：老师！老师！他们一会儿快一会儿慢，我爸爸种田时就是这样的，而且我听出来他们劳动是还很开心的。

师：你们真能听出来，他们很开心吗？

生：当然，小猪的吃午饭当然开心啦！

师生：哈哈哈……

"海阔凭鱼跃，天高任鸟飞"。在课堂上我们只有充分发挥学生的个性和特长，不该规范的地方不予规范，使他们的身心不受任何条条框框的限制，才能让他们学得自由，学得轻松，同时也让我们老师教得舒心。

第五节　变意外为精彩

课堂上总会出现各种与我们课前预设不相符的"意外"情况，比如学生没有按照我们的设想配合教学，比如我们讲着讲着走了题，面对这些情况，我们该怎么办呢？

来看下面这个案例：

今天早上，当我一起床发现下雪了，心中顿感异常兴奋，觉得是该到讲《第一场雪》（九年义务教育小学语文第十一册第六单元的一篇文章）的时候了，于是就学习了这一课。

我的课堂设计是这样的：

师：同学们，经过将近一年的等待，雪终于又和同学们邂逅了，多么令人欣慰啊！看到这场雪，你高兴吗？为什么？

生谈喜欢的原因。

……

到了课堂上，我开始按照自己的教学设计讲起来：

师：同学们，经过将近一年的等待，雪终于又和同学们邂逅了，多么令人欣慰啊！看到这场雪，你高兴吗？为什么？

生1：不高兴，因为一下雪天一冷我的手脚就特别容易冻，太阳一出来就奇痒难忍，有时还被冻烂了，又痒又疼。

生2：我也不高兴，一下雪就易结冰，人容易摔倒。去年我奶奶就因为在雪地里走时摔倒了，腿摔骨折了，结果在床上整整躺了一冬天，可难受了。

生3：一下雪路上一结冰，地上就很滑，还特别容易发生交通事故，我就亲眼看到过这样的事。

生4：我也不高兴，因为我本身比较胖一些，一到冬天穿上厚厚的棉衣就显得更胖了，走起路来特费力气，别人也老嘲笑我。

……

（思考：怎么办呢？学生怎么会这样想呢？这可是我备课时

所没有想到的。课前只是想着学生嘛，毕竟是孩子，孩子的天性就是爱玩，雪就更不用说了。所以只想着学生都会说高兴，并未想到学生会说不高兴，还说出了这么多不高兴的原因。怎么办呢？顿时我感到有些手忙脚乱，一时真的不知该如何接着往下讲。为了给自己争取一些解决问题、找到办法的时间，我只好又接着往下问。）

师：同学们，刚才这几位同学都说看到下雪不高兴，是不是其他同学也都不高兴呢？

生（许多学生）：不是。

师：那就说说自己为什么高兴吧！

生5：下雪了，我们就可以在雪地上堆雪人、打雪仗了，还可以溜冰呢！

生6：下雪了，农民伯伯的庄稼就有希望丰收了，因为有句谚语叫"今冬麦盖三层被，来年枕着馒头睡。"

生7：我很高兴，因为经过近一年的等待才看到雪，真是太稀奇了。

生8：我也很高兴，因为我是冬天生的，一下雪就说明到了，我就要过生日了。

生9：我也很高兴，刚才不是有同学说一下雪天气冷容易冻手脚不喜欢雪吗？那我告诉你一个用雪治冻手脚的偏方：将雪装到一个密封的瓶子里，到第二年夏天时把拿出来，倒在手脚上反复揉搓，这样手脚就不会被冻伤了。

生10：就是，我也听奶奶说过，用辣椒煮的水洗洗也治冻伤。

生10：用白菜熬的水泡泡洗洗也行。

生11：用小麻雀的脑抹抹也治。

生12：用鸽屎抹抹也行。（学生哄堂大笑）

师：同学们说的偏方可真多，那请手脚冻伤的同学回去以后选自己喜欢的偏方试一试，说不定还真能治好呢！有时候小偏方可治大病的噢！

说实话，当课上学生出现意外时，之所以让看到雪高兴的同学再谈谈高兴原因只是想为自己争取思考时间、找寻解决问题办法而设计的，谁知学生竟意外地说出了这么多治冻手脚的偏方，真让我感到意外又高兴。

倘若这位教师课上没有给学生说的机会，偏方也不会在课堂上出现了；倘若课上学生都异口同声说看到雪很高兴也不会出现这意外的精彩了，倘若……。课上得之所以成功，都源于课初学生的意外——"不高兴"。没有"不高兴"就不会有后面的一个个"偏方"，没有"不高兴"就不会有后面的精彩。是"不高兴"这个动态生成演绎了"偏方"，更演绎了精彩课堂。

灵活的处理，将一场"意外"化为了一节精彩的"偏方课"。

课堂是动态的，它会不断出现令人意想不到的事情，当意外出现的时候我们是置之不理？还是牵强附会？或者一语带过？不同的教师会有不同的处理方法，但如果每位教师都能抓住意外、灵活机智地有效运用，意外一定会演变为精彩的！

第六节　把表演带进课堂

表演，是中小学生喜闻乐见的一种自主学习方式。恰当地运用表演，不仅可以加深对课文内容的感悟和内化，还能活跃课堂气氛，使学习成为一种愉悦的精神享受。因此，教师可以根据课文的特点，精心设置课堂表演环节。

常见的课堂表演有以下几种形式：

1. 再现式表演

这种表演适合于故事简单的课文，如《登山》。

《登山》写的是列宁登山看日出两次走过靠近深渊的小路一件事。课文中有一段关于通上山顶的小路非常艰险的描写。教师要求以黑板为"峭壁"，以小板凳为"小路"，各小组选出一名学生上台进行表演，看谁能更准确地表现列宁当时的神态、动作，带给人身临其境之感。随着表演在反复进行中的逐渐到位，学生无疑对列宁自觉锻炼意志的精神有了更深层次的感悟。

2. 综合式表演

这种表演适合于故事体裁的课文。课文中清楚地交代了时间、地点、人物、事情和环境等，而且内容很丰富，情节很完整，人物的个性非常鲜明。在学习这种课文后，可以让学生进行综合性的表演，让学生全身心地投入到课文的不同角色中去，体验不同人物的个性，再现故事情景，从而让学生的潜能得到充分的发挥，培养学生的创造想象能力。

下面是永正老师在执教《狐假虎威》一文时，指导学生课堂表演的片断实录：

师：下面两节就是写他们到森林去的情景，这两节写得非常精彩。请仔细读，等会儿请几个小朋友来表演。要想演好，必须读好。

（学生认真读书之后，老师请五位小朋友分别戴上老虎、狐狸、小鹿、兔子、野猪头饰。）

师：其余的同学都来当导演，导演更了不起。各位导演看看狐狸和老虎谁在前，谁在后，为什么？请读书，根据书上的要求指导。

生：狐狸在前面走，老虎在后面走。因为书上说了："再往狐狸身后一看，呀！一只大老虎。"

生：图上画的狐狸在前，老虎在后。

师：这两位导演读书很认真。——小兔啦，野猪啦，应在什么地方？

生：他们在森林深处，要站得远一点。

师：看来小朋友把课文读懂了，都是出色的导演。下面请一位小朋友朗读7. 8两节，由五位扮演动物的小朋友表演。

（一生朗读，"狐狸"在前面大摇大摆地走，"老虎"在后面东张西望。）

师：（问"老虎"）你东张西望什么？

"虎"：我看看动物们是不是怕狐狸。（众笑）（"狐狸""老虎"继续往前走，"小兔""小鹿"等一见"老虎"，"呀"的一声，撒腿就跑。）

师：（问"小鹿"）你为什么跑？害怕谁？

"鹿"：我怕的是老虎。

师：不是怕狐狸？

"鹿"：谁怕它呀！（众笑）

师：同学们，不，各位导演们，对他们的表演有什么意见吗？

这类表演有很高的教学价值，它调动和调节着以情感需要为核心的一切心理、生理因素，把认识与创造、对美的追求与体验、张扬个性与健全人格统一起来，十分有利于学生整体素质的提高。

3. 创新性表演

教师创设一个情境，引导学生自由联想，使学生可以根据自己的所学和理解来尽情展现情境的内容。比如有位老师在讲到"如何祝贺别人"时，便创设了下面这个情境：

师：同学们，2003 年 10 月 15 日，是全中国人值得骄傲的日子，我们的神舟五号载人飞船发射成功。想再看看那激动人心的场面吗？

生：想。（课件播放神舟五号升空、返回的画面）

师：刚才大家看到了从飞船返回舱里自主出舱的杨利伟叔叔，

他圆了中国人几千年的飞天之梦。如果你是一名现场的"小记者",你最想用什么语言来祝贺他?请先在小组讨论后汇报。

生:杨利伟叔叔,祝贺您安全返回,祝贺您成为中国第一位宇航员,我为您感到骄傲。

生:您真棒!我为您喝彩!我为自己是一名中国人而感到无比的骄傲和自豪。

生:今天我太高兴了,太激动了,杨叔叔您多了不起啊!圆了中国人民几千年的飞天梦想,我和全国少年朋友一起向您表示衷心地祝贺!

师:你们这些小记者真不错,老师祝你们长大后成为一名真正的新闻记者。

教师应善于挖掘生活素材,超越文本,利用表演引发学生的创新思维。

喜欢表演是学生的天性。主体教育论认为:"好表现是孩子的需要、孩子的特点。"从课堂实践看,学生的表演欲特别强,他们喜欢表演、渴望表演,把表演当作一种游戏。表演让课堂形式多样,气氛活跃,同时也提高了教学效率,使学生在享受乐趣的同时更轻松掌握了教学内容。

第八章　巧妙化解课堂事件

你发现过学生在你的课堂上走神吗？你注意过学生在你的课堂上打瞌睡吗？你面临过学生任你如何提问也不开口的情形吗？你碰到过学生在课堂上跟你对着干的局面吗？你遭遇过课堂上的偶发事件吗？……如果这些问题在你的课堂上发生了，你该如何去面对呢？

第一节　学生走神怎么办

某班有2个男生3个女生，上课老是走神，班主任提醒谈话几次后，仍不能调整过来。其中一女生从进校时的班级第一名期末退步到倒数第七名。这五位同学，家庭都比较正常，没有单亲家庭。他们的共同特征是，上课到一定的时候（10分钟或30分钟）就出现疲惫现象或脑子一片空白，有时，看着眼前的橡皮，脑子里就只有橡皮，看着橡皮发呆，不知老师讲的是什么。即使看着老师，也是发呆，脑子里总会冒出一些乱七八糟的事，自己也无法控制。

注意力不能集中，或叫"走神"，是指学生不能使注意力长久而稳定地集中在学习任务上，在学习过程中经常分散甚至转移自己的注意力。对于年龄较低的学生来说，上课走神是个正常现象，通常他们的精力集中不可能超过 20 分钟，除非教师的授课很吸引人或能发动学生的自主参与意识。

那么，怎样才能让学生在课堂上不"走神"呢？

（1）让学生思想提前进入上课状态，教师应目送学生进教室，做好课前准备，使学生产生上课意识。

（2）及时给予信号，并邻近控制。教师目光直瞪着讲话、开小差、做小动作的学生，突然中断授课并凝视他，让他警醒。此法主要是针对那些故意走神的学生，他们知道自己的做法与课堂学习不协调，会被老师批评，因此会不时地看老师的脸色。瞪几眼会使他们放下手中的小玩具、课桌里的小说，回到课堂上来的。此法古已有之，鲁迅在《从百草园到三味书屋》中描写的老先生就常用"普通总不过瞪几眼，大声道：'读书'"。此法优点是不影响课堂教学，不影响其他同学的思路。

（3）提出问题，要求学生思考，并特别关注已经"走神"的学生。老师可根据当时的授课内容，设计几个问题点名要求走神的学生起来回答，把他从梦境中拖回现实。这种学生十有八九回答不上问题，这时恰当地说几句："用心听"、"要集中注意力"、"不要走神"。再让他坐下，就会起到遏制走神的目的，让学生从"忘我"回到"知我"。

（4）多采用活动教学的方式，在课堂上结合教学内容多组织一些有意义的活动或训练，如分角色表演读，游戏等，让学生积

极参与，体现主体性，也能使"走神"的学生及时回过神来。

（5）玩笑法。教师发现走神的学生后，若讲课的内容允许，不妨和学生开个玩笑，让学生来个哄堂大笑，这样即可活跃课堂气氛，也能使走神的学生在笑声中苏醒过来。有一位语文老师在讲《驿路梨花》时，一位叫王新的学生打瞌睡，不时地低下头去，这位语文老师便说："我们的王新同学也想做个梦，见见助人为乐的梨花姑娘，同学们看是不是?"全班同学扭头去看，哄堂大笑。王新从梦中惊醒，课堂气氛也得到了活跃。

（6）及时表扬与批评。课堂上，对认真听的学生和不时"走神"的学生作出反馈性的评价，使认真的更认真，而"走神"的学生也能及时调控并不断组织自己的注意。批评学生不到万不得已不要用，因它直接中断了教学，客观上会使教师和学生情绪不能及时回到教学上来。此法主要针对那些不仅自己走神，而且严重影响其他同学。采取批评法，可以当堂提示，也可以课上点名课下批评。

避免学生课堂走神最根本的方法，是教师要真正地把课堂教学变成艺术，坚决不用"满堂灌"、"一言堂"。要充分调动学生的积极性，让学生主动去学，教师多在学生学习兴趣上下工夫，注意授课的方法，这才是对学生课堂走神治标又治本的好方法。

有位教育学家说："学生成绩好与成绩差的关键在于课堂。"此话有一定的道理，学生一天的时间，除了吃饭睡觉，其他大多在课堂上度过的。如果学生在课堂上注意力集中，能跟上老师的思路积极思考，认真回答问题，学习成绩就会好；反之，注意力不集中，经常开小差，成绩就差。能否让学生在课堂上集中注意力，能否在学生走神时既不影响教学，又能及时纠正，是每一个教师都需要认真研究的。

第二节　有人在打瞌睡吗

平南中学这个班有 70 多位学生，上课不久后，坐在最后一排的丁同学想打瞌睡，为了不让老师发现，就悄悄地将自己的头部伸进了平时用来放书包的课桌的空抽屉里，睡个痛快，快下课时，丁同学突然发现自己的头"抽"不出来了。为免老师责备，他没有出声。下课铃声响了，班长一声"起立，向老师致礼"，数学老师发现：坐最后一排的丁同学没有站起来，于是，立即走到他的桌旁，才发现这既惊险又可笑的一幕。

几位老师围着丁同学和课桌一时无从下手。后来，一位男老师到保卫室借来锯子，然后小心翼翼地把桌角上面的两个"榫头"锯掉，掀开桌面。一番努力后，丁同学的头这才"走"了出来，只见他大汗淋漓，平时调皮捣蛋的他一句话也说不出来，既紧张又懊恼。

老师在课堂上讲得口干舌燥的，而下边有些学生却昏昏欲睡，更有甚者，像上面案例中的这个学生，竟然把自己的头"睡"到课桌抽屉里抽不出来了，这是我们每一个老师都不愿看到的现象。面对这种情况，我们该怎么办呢？

很多老师采用的办法就是点名让学生站起来或者到教室后面

听课，脾气大点儿的老师要么当堂把学生批评一通，要么干脆把这些学生赶到教室外面去搞隔离不让他们听课。但其实我们稍微想一想，就会发现这些处理方法都是不合适的，因为这些方式都是治标不治本的。

学生上课打瞌睡的原因，不外乎有这样几种：

（1）晚上睡眠不足。

（2）我们讲的课不精彩，难以吸引他们的注意力。

（3）个人缺乏竞争意识，不知道知识积累的重要性。

（4）我们个别老师对于学生上课睡觉现象的不合理处理方法的误导。

当然，也可能还有其他方面的原因，下面我们就来谈谈几种应对的方法：

1. 给学生良好的建议

对于学生晚上睡眠不足的情况，我们可以建议学生合理安排休息时间，晚上不搞"疲劳战"，早睡早起。中午小憩一二十分钟对于整个下午的上课状况也起着很关键的作用。有些学生喜欢上网，放学后长时间的泡在电脑前，以致影响了第二天的上课，我们也要给他们以建议：适当的上网对于知识面的扩展是有好处的，但如果晚上上网时间过长，影响了睡眠，就会影响第二天听老师的讲课。一般来说，学生对于很多事都会有比较正确的辨别能力，我们把这些话给说到了，他们还是会认真考虑的。

2. 提高讲课水平

如果是因为我们上课讲的不精彩而出现学生上课睡觉，那就应该好好地从提高自身业务素质入手。认真地钻研自己所教的学科。我们每个老师在上学时候也遇到过这样的情况：有的老师讲的课很精彩，我们也就老是盼望上他的课；而有的老师讲的课就像是催眠曲，学生昏昏欲睡，出力不讨好。这就需要我们认真地分析自身的原因。

如果是因为自己知识面不够广，缺乏知识之间的联系性，那就在平时多下工夫，积极地扩展自己的知识面。自己所教学科的知识要知道，其他学科尤其是心理学，教育学方面的知识也要看一些，总之在知识方面要"食五谷杂粮"；如果是因为缺乏恰当的授课技巧，那就多听听有经验的老师的建议，找出讲课这门课的窍门，看看他们是怎样把课给上好的，取人之长，补己之短。最重要的是要探索出自己的一套教学方法，既要把课给上好，又要能上出自己的风格，这样就不愁学生不爱听了。

3. 培养学生的竞争意识

如果学生缺乏竞争意识，体会不到积累知识的重要性。那就找一些有代表性的成功者的经历（当然最好是靠知识成功的）来激发学生学知识的欲望，找一些反面教材也是很有必要的。在日常的教学过程中多搞一些竞赛类的活动来提高学生的学习兴趣，

对于学生的进步要多给予鼓励（尤其是那些"后进生"），全方位地培养学生的竞争意识。只有这样，才能激发学生的学习动力，引发上课认真听讲的愿望。

4. 对每一位学生做到认真负责

有些老师看到学生在自己的课堂上睡觉，可能刚开始还会有一些处理措施，时间一长，就会干脆来个"井水不犯河水"：我讲我的课，你睡你的觉，你爱听不听，随你的便！我把上课任务完成就行了。这不但对于正在睡觉的学生是一种不负责任，而且还会让其他同学感到老师并不在乎自己讲的课有几个人在听，对他们这个班不够重视。这样必然导致另一些学生上课睡觉，或者干一些与上课无关的事，上课的效果自然就会大打折扣。所以我们一定要认识到一些不恰当的处理办法对于学生的误导作用是极大的，只有了解这些误导作用的危害性，我们才有可能去想较为合适的处理办法，进而有效地优化我们的课堂授课效果！

5. 给予学生适当的休息

有时候，可能由于各种原因，学生实在是瞌睡得很，大脑已完全进入了自我保护状态，根本无法上课，各种手段用尽也无济于事。如果班上有1/3的同学出现了这种情况，我们就干脆把课停下来，让学生趴在桌上休息一会儿，短暂的休整之后，学生又恢复了精神，课又可以继续了。

当然，还有其他诸如开窗通风，学生互相逗趣，等各种方法，在课堂允许的情况下，加以灵活运用，能达到事半功倍的效果。

当然，以上所列只是权宜之计，根本的办法还是要保证学生的睡眠时间，提高学生的学习兴趣，使学生成为学习的主人，只有这样，课堂打瞌睡的现象才能从根本上得到改观。

第三节　千呼万唤不开口

伴着悠扬的上课铃声，老师兴致勃勃地走进课堂。

……

"哪位同学能给我们说一说，你对文中的这句话是怎么理解的？"老师面带微笑地提问。

……

"没关系，大胆一点。"老师继续鼓励着，但心里有些着急。

……

"没有人知道？"老师的双目扫视着全体学生，此时的他多么希望有哪位同学能举起他可爱的小手啊！

……

"这句话说明了……"老师终于放弃，刚上课时的那份激情已消散得无影无踪。

许多教师都有过这样的体验：上课只要是问学生问题，哪怕再简单都很少有学生愿意开口。是他们都不懂吗？不见得，因为往往问题并不难。那为什么我们的学生会拒绝回答呢？

有位老师对班上 45 个同学的发言情况作了调查，测试内容及结果如下：

项目	人次	所占百分比
问题难不会	2	4.4%
没有习惯举手	5	11%
举手老师不喊而赌气	6	13%
对此门课不感兴趣	10	22%
对此门课的老师不喜欢	2	4.4%
说错怕老师批评	33	74%
认为自己不举手自然会有人举手	4	8.8%
紧张或恐惧	7	37.7%

学生在课堂上不发言，一般有以下几种原因：

一是不敢发言。天性腼腆，胆小怯场，缺乏面对众人在课堂上发言的勇气；或者发言的积极性曾受到过挫折，心有余悸。

二是不能发言。一则是不会回答提出的问题，问题对其有难度；二则是没有思考问题，上课心不在焉，对老师的问题置若罔闻。

三是不愿发言。这类同学要么是习惯使然，知而不答；要么是不配合老师，懒于应对，心理上和老师有些隔阂。

四不屑发言。觉得问题太简单，缺乏水平。

作为教师，我们应该怎样调动学生发言的积极性呢？

1. 尊重学生，包容错误

测试结果表明，学生的心理障碍有74%来自畏惧老师。这就需要老师不管在什么情况下都要保持良好的情绪。学生答得精彩，为他喝彩；答错了或者说出令老师尴尬的问题，要克制住情绪，决不表现出不满和急躁，也不半途打断制止他，或者说"谁来帮助他"之类的话，要笑脸相待，想方设法启发他。实在答不出还要安慰鼓励他，消除他因为自己没答出来而产生的心理负担。

特别是对后进生，为了举一次手，短时间内不知心颤抖过多少次，拳头捏过多少回，终于鼓足勇气举了手，又恰逢答错了，这时如果老师板着面孔说一句"错了，坐下去。"他会感到无地自容，自尊心受到极大的伤害，以后再不会举手了。所以老师要和蔼可亲，尊重学生。

2. 增强学生的自信心

学生只有树立了信心和勇气，才能进入平稳、正常的思维与言语过程，从而大胆举手，积极发言。因此，要提高学生发言的积极性，首先要在培养学生的自信心上下工夫。尤其是对胆怯型的学生，教师更要多鼓励以增强他们的自信心。

有位老师在上《孔繁森》时，提了一个问题："为什么说孔繁森是一位优秀的援藏干部?"一个平时很腼腆很胆小的学生悄悄地举起了手，老师发现后用鼓励的目光叫他站起来回答，他答

道："因为孔繁森对孤儿非常好。"虽然答案不全面，但大意他还是懂得的。此时，这位老师不是简单地指出他回答中的不足，而是进一步地启发他思考，怎么把话说得完整通顺。最后那个学生作了如下补充："孔繁森像对待自己的亲生儿女一样抚养三个孤儿，为了替他们交学费，不顾自己的身体，悄悄地上医院献血。"当他回答完以后，老师和同学们对他报以热烈的掌声。有了这次体验，这个学生的自信心增强了，从此克服了以前回答问题时容易紧张的心理障碍，最终成了班里发言的积极分子。

3. 营造宽松、和谐的课堂气氛

宽松和谐的课堂气氛是师生情感交流的必要条件，它能使学生轻松愉快、自觉主动地参与思维、理解等一系列智力活动，激发学习的兴趣，从而大胆发言。因此，在课堂上，教师要注重沟通师生的心灵，增进师生的了解，营造民主、宽松、和谐的课堂气氛，以调动学生发言的积极性。

一次，有位教师上写话课《记一次活动》，和学生一起在教室里进行了有趣的"贴鼻子"游戏：……轮到老师贴了，学生把他的眼睛蒙上，然后让他左转三圈，右转三圈，结果老师转得头晕晕的，把鼻子贴到眼睛中间去了，学生乐得不得了。由于有了教师的参与，这堂课自始至终十分活跃，学生也遵守纪律。当老师提问时，大家争先恐后地举手，发言积极性极高。

4. 采用高分刺激

在教学实践中，我们可以发现，即使成绩差的学生也十分注重分数，拿到了高分，欣喜若狂，在那段时间里，精神状态很好，学习劲头较足。所以我们应该少一点吝惜，多一点高分，给学生创设成功的喜悦境界，激发学生追求成功的信念和力量。心理学证明：一个人只要一次体验成功的喜悦，便会激起再一次追求成功的希望。

请看下面这则案例：

我班学生一说朗读为难情绪浮于脸上，只有几个人举手。有一次我特意喊了几位差生，这个同学结结巴巴地读完了，其他同学哄堂大笑。我说了"如果要打分，猜一猜，老师该打多少分?"有的同学说打 50 分，有的同学说打 60 分，还有的同学打 40 分。我发话了"老师给他打 85 分。"同学们先是一惊，随后议论纷纷。这位同学能战胜恐惧，能鼓足勇气，这种精神多伟大，该打85 分，下一次我还要打 90 分。这个 85 分犹如涓涓清水流入他的心田，调动了他的朗读的积极性，树立了自信心。从此以后这位同学乃至全班同学朗读兴趣十分浓厚，水平逐渐提高，课堂上个个跃跃欲试，积极性十分高。

除此之外，教学中调动学生发言的积极性还取决于教师的课堂教学设计、提问的方法和艺术等。只要我们在教学中能不断地反思、总结、提高，课堂就会变得积极活跃起来。

第四节　从容化解课堂冲突

有位老师在自己的博客里讲述了这么一个案例：

有一年我接了高一一个新分的班，刚开学半个月，那些学生所有的毛病都暴露出来了，班上迟到早退的、无故不上课的、上课睡觉、上晚自习说话的……什么样的人都有，针对这种情况我和几个班委制定了班规，但是总有学生不遵守，而且这些学生养成了一种特别坏的习惯——不尊重老师，经常顶撞老师，那段时间每天我真可谓是费尽心思，心里也有些烦躁。有一次上课的时候，我一进教室就看见有个男生换了座位，而且是班上平时最不遵守纪律的一个，我们的班规明确规定：不经班主任允许不能私自换座位，他竟然……我脑海里马上出现他最近总是违反纪律的那一幕幕，于是我顿时火冒三丈，平时在书上看到的那些"班主任遇到学生犯错误要冷处理"之类的话早就抛在脑后了，我生气地问："谁让你私自换座位的，难道你不知道班规吗？快点换回去！""我不想换回去。"他理直气壮地说。"为什么"？"没什么，下课再说行吗"？他语气有点不耐烦。我一看他那神情就更生气了，没有一点认错的态度。当时就很严厉地批评了他，直到最后他换回原来的位置为止，再看表，二十分钟已经过去了，所以那节课的内容也没有上完，自己也挺不高兴。事后有一天那位同学找到我说："老师你说话都不算数，你经常说让我们不要和老师在课上发生正面冲突，有什么事可以下来到办公室反映，那为什么你还要在课上那样对我呢？而且其他同学的时间也浪费了。"

　　这句话我现在想起来还是那么的清晰。是啊，如果我当时听了他的话，课后问清原因再指出他做错的地方，也许他就不会用那种态度对我了，后来我找到那位同学向他郑重道了歉，他不好意思地说："老师，您别这样，其实是我不对在先的，我以后一定遵守纪律，不让您操心了"。从此以后他真的做到了。

　　课堂上冲突的成因很多，主要有师源性冲突和生源性冲突。事实上课堂冲突并不都是由于学生的问题行为引起的，有许多是由教师的行为引起的，例如教师的教学方法不得当，引起学生的反感，有的教师课堂节奏过慢，喜欢拖堂；又如教师的言行让学生感觉到不安和威胁，在学生犯错误时，教师不会设身处地地为学生考虑，只是一味指责、埋怨；再如教师在处理问题时存在偏颇，诱发了学生间的矛盾，也容易激起学生对教师的不满……像上面的案例就属于师源性冲突。

　　一般课堂上的冲突会有以下几种，对它们的处理需要具体分析，仔细斟酌。

1. 课堂上的粗野行为

　　有的学生言辞举止粗野，对教师傲慢无礼，这时教师切忌发怒，要平静、果断地处理，使学生无法再闹下去。比如教师可以严肃、坚定地告诉学生课下留下谈话，而无须对具体问题做出回

答，然后恢复全班地秩序。如果学生继续发难，教师要将其先安抚下来，真正地问题解决留到课后进行。

2. 课堂上公然违抗命令

学生公然抗拒教师命令，蔑视教师的权威，全班目瞪口呆，同时期待知道这样公然违抗教师有什么后果。此时，教师绝对不能发火，而且必须要冷静、果断、从容地对待。对年龄小的学生可以强行把他带出教室，而对年龄大的学生一定要避免与其发生肢体上的接触，可以坚定而客气地重复一下要求，不必提高声音，也许他就决定妥协了。如果他再次拒绝，就让它讲出拒绝的道理。如果有正当的理由，教师让步，就此罢休，表现出的是民主、平等和宽容。如果学生没有正当理由，继续拒绝，态度强硬，那么，就同意他不做，但要明确地告诉他课下留下来谈话，要准备承担此事的后果。

3. 学生之间的打斗

学生之间的打斗是常见的，尤其是发生在课下，遇到这种情况教师要喝令他们住手，其实他们也希望找到不失面子而停止的借口。教师平静而果断的喝令、制止，通常可以解决问题，因为他们知道这是违反校规的行为。打斗被制止，课下找他们谈话，解决问题。

课堂管理是构成教学活动的不可忽视的重要动力因素，赫尔巴特曾说："如果不坚强而温和地抓住管理的缰绳，任何教学都是不可能的"。然而一些教师采用的方法却是不妥当的，他们在遇到上述情况时要么气急败坏、暴跳如雷，要么麻木不仁、熟视无睹。这样做的后果，就像赫尔巴特说的那样是放掉了管理的缰绳，导致课堂运行不畅，最终必将严重影响课堂教学效果。

第五节　用关爱尊重消解对立情绪

在教学实践中，我们常常会发现，有时候一些学生会不遵守课堂纪律，甚至公然与我们做对，扰乱了我们正常上课的秩序和节奏。比如下面的案例：

在我所教的几个班级里，几乎每个班里都有那么几个特别难管的学生，这不奇怪。但是有一个班，有那么一个学生，特别的难管。学校的老师多是知道他的大名的。常常他做的事是让人苦笑不已。比如说让他撕下一张纸，他会把这张纸撕下后再撕成碎纸条。很多事情，不知道该归结会故意还是病态。但是就是这么个学生。一次上级领导来学校检查的时候，正好是这个班上课。这学生又在课堂上乱跑，被我说了几句后虽然坐下不动了，但是明显心里不爽。后来看见领导推门进来了，他就一下子站起来跑了出去。嘴里还咕哝着那我不上课了。明显是故意跟我为难。面对上级了解情况的领导，我又不能说这是个问题学生之类的话。这次虽然好不容易把这学生的问题给解决了，但是我不知道下次会不会又出现这样的事。我该如何处理这种学生？

这位老师的苦恼，许多老师也都曾遇到过。那么，面对这种情况，我们该怎么办呢？

1. 查找原因，对症下药

有一段时间，我发现一向学习认真的王某上课总是分神，作业也马马虎虎。我便找他谈话，他也是一副不予理睬的模样。我找其他同学了解，原来是因为有一次上课点他回答问题，他没答上来，我在班上严厉批评了他，因为那个问题是我上堂课反复强调过的。而他上堂课由于生病请假没上。我的批评使他委屈，伤害了他的自尊心。知道了症结所在，我便主动检讨了自己的错误，并将他未听到的课给他重讲了一遍。很快地他又恢复到以前的良好心理状态，并成了我的"朋友"。

这位教师正是由于找到了学生"逆反心理"的原因，才能采取有效措施进行疏导。

2. 关爱学生，以情化人

以前在一个基督教信徒的老师在课堂上总有一个男同学捣乱，后来有一天那个男同学搅的老师无法正常教学，老师很是气愤，但是身为基督教徒，他不能打年人，所以他在那个小男生的额头上亲了一下，结果那个调皮的小男孩再也不在课堂上闹了。

在教学中对学生懂得关爱才是合格的老师。作为一名教师，绝不只是单单向学生传授知识，而是要学会怎么和他们做朋友。

我在教学是发现一名叫杨亮的学生上课不听讲，从来不写作业，打仗骂人是家常便饭。经常逃学，经常和老师作对，开始我很讨厌他，对他采取冷落不理的态度。有一次我去他家里家访发现，他的父母离异。他和他的奶奶生活在一起。由于得不到父母的关爱，从小养成了许多不良嗜好，经常和社会一些不不三不四的青年在一起上网玩游戏。得知这一消息后我主动和他聊天谈心，发现他有一点优点就在全班同学面前表扬他，他开始和老师接近了，学习有了明显的进步，还经常和同学一起打扫班级卫生，做好人好事。

爱是雨露，爱是阳光。老师对学生多一点爱，学生就会还老师一个惊喜。

3. 公平公正，尊重学生

我们在平时对待学生的时候，一定要公平公正，不能偏心。来看下面的案例：

有一女生性格倔强，富有同情心和正义感，当班干部时工作主动泼辣。高一时，见到有的男教师处理男女生纠纷、排座位、对男生违纪行为偏袒等，她便认为男教师对男生有偏爱，对女生存偏见。有几次她站出来为女生辩护，反遭讥讽和嘲笑。于是，她公开宣称："我就是不喜欢男教师教！"

上高二时，她在我班上就读。课堂上回答或讨论问题，我都尽量以公平、民主的态度来对待男女生。针对女生胆小的特点，

课外辅导时，我经常主动询问她们有什么疑难，并不厌其烦地耐心讲解，慢慢地师生感情融洽了。这时我才正面接触这位女生，给她逐一分析我校教师，从白发苍苍的老校长到刚刚毕业的新教师，他们的身上都有一种奉献精神，他们其实都是热爱和关心自己的学生的，只是他们处理问题时有时不那么细致。并引导她寻找这些老师身上的"闪光点"。慢慢地，她的成见消除了。

4. 换位体验，彼此理解

前几年我当高二（3）班班主任的时候，科任老师向我反映，班里有几个调皮的学生，每当老师讲课时，他们不是模仿老师在下面搞小动作，就是随便讲话，有时还提一些奇怪的问题引得同学大笑，让老师难堪。为了解决班级的这个问题，我想了一个办法"转换角色当学生"。一天我在一节课中留出30分钟，请学生上台讲课，自己则坐到学生的位置去当学生。每当调皮的学生上台讲课，我便在下面不时地模仿他们，搞小动作，讲话，提怪问题使他们难堪。学生门上完课都很感慨：当老师真的没我们想的那么容易，上课最需要学生对老师的尊重和配合，随意讲话和扰乱课堂纪律，老师的心里是很难受的，今后我们一定要遵守课堂纪律。

通过让学生当老师，使学生加深了对老师的理解，课上自然也就不会再故意跟老师做对了。

第六节　应对偶发事件的十个策略

课堂教学是师生之间的双边活动，由于学生知识水平、兴趣爱好以及性格特点等方面的差异，加之外界环境的影响，课堂上往往会出现一些令人头痛的偶发事件。当它们发生时，教师该如何进行处理呢？

由于课堂教学中偶发事件往往是事先预料不到的，所以应变时必须因势利导，随机应变，方法技巧应随着具体情况的不同而有所差别，不能机械地照搬某一种模式。下面，我们就来简要地谈谈面对课堂上偶发事件时的一些应变策略：

1. 爱心感化

苏霍姆林斯基说："教育，这首先是关怀备至地、深思熟虑地、小心翼翼地触及年轻的心灵。在这里，谁更有细致和耐心，谁就能获得成功。"偶发事件经常发生在一些差生身上，他们自尊心强，同时自卑心理也较重，他们十分渴望得到老师的信任和尊重，即使有了差错，也希望得到原谅。作为教师，应坚信每个学生都是可以教育好的。在处理"偶发事件"时，注意把严肃、善意的批评与信任、鼓励结合起来，把"尽量多地要求"与"尽可能多地尊重"结合起来，切不可感情用事，用训斥加批评甚至是体罚或变相体罚等方法简单粗暴地处理，以免激起师生之间的

矛盾，造成师生之间对立情绪的扩大。

2. 因势利导

所谓"势"，是指事情发展所表现出来的趋向。处理偶发事件时，要注意发现和挖掘事件本身所表现出来的积极意义，然后或顺势把学生引向正路，或逆势把学生拉向正轨。

一位女老师新接手一个差班的班主任，上第一堂课，她刚把手伸进粉笔盒掏粉笔，突然触到一个冷冰冰软绵绵的东西，吓得她尖叫一声。大家一看，原来是一条中指大小的冬眠水蛇，在倾倒的粉笔盒边蠕动，原来是班上几个调皮大王害怕刘老师要集中火力整治他们，合计着要先给刘老师一个下马威。这位老师并没有立即发火，她待同学们的笑声稀疏下来，带着余悸平缓地说："据说每位接我们班的新老师，都有一份大家赠送的特殊礼物，比如王老师的灰老鼠，郑老师的大王蜂……而我呢，你们送了一条水蛇。"她微微笑了笑，指着那条蛇说："我是第一次这么近看到蛇，刚才还摸到它，着实吓了我一跳。不过我觉得捕捉这条蛇的同学挺行，至少他挺勇敢，有一定的捕蛇经验……不过，我相信，凭他们的能力，不仅仅能做到勇敢，还应该做出点其他什么，老师相信你们。"那几个调皮学生原本等着看"戏"挨克，却没料到刘老师还表扬了自己，那可是自己非常难得的，可不知怎么就是高兴不起来，只是呆呆地听着老师讲有关蛇的知识……第二天早晨，这位老师又踩着铃声走进教室，一股清香扑鼻而来。她意外地看到，讲台上的粉笔盒里插着一束野菊花，教室里鸦雀无声……从此，这个班原来各种不好的现象都慢慢减少了。

3. 将"错"就"措"

当教师在课堂上出现了笔误或者口误的情况时该怎么办呢？碍于面子，将错就错，不加纠正，是绝对要不得的。但如果我们能够"借"错生智，来个将"错"就"措"，却不失为一种良好的教学机智。

有位高二化学教师一次在油脂的教学中，误把"油脂"写成"油酯"，但当他注意到的时候学生却还没有发现，于是他灵机一动，及时对学生说："你们好好想一想，老师刚才写得对吗？能不能把'油脂'写成'油酯'呢？'脂'和'酯'有何联系呢？"学生听到老师这么一问，马上认真检查黑板上的板书，并发现了错误，而且他们对"脂"和"酯"的理解也因这次"错"而得到加深。

4. 借题发挥

当课堂教学过程中出现了偶发事件时，可以把它巧妙地融进自己的教学之中，利用课堂教学中出现的意外情况，借题发挥，大做"文章"。

一位政治特级教师在一次上课中，有几只麻雀飞进了教室，于是他借"不速之客"麻雀的出现，给大家讲了一个"麻雀的冤

案"的故事：五六十年代，我国曾经把麻雀与苍蝇、蚊子一样列入害虫名单，在全国开展消灭麻雀的运动，理由是麻雀偷吃掉大量的粮食。但事后的实践表明，麻雀却是蒙受了冤屈，因为麻雀对人类的益处远远大于它对人类的危害。

然后，他就以此为题，让学生运用所学的哲学道理加以分析。同学们对此热烈响应，兴趣十足。有的从矛盾主次方面的角度，说明麻雀对人类时有利有弊，但利大于弊，看问题应抓住本质和主流；有的运用普遍联系的原理，分析消灭麻雀会破坏生态平衡；还有从认识发展的角度，说明人类对麻雀的认识经历了一个不断深化的过程……。这样，这位老师就巧妙地借麻雀的出现做出了一篇文章。

5. 实话实说

当教师在课堂上出现失误时，实话实说，不文过饰非，有时同样也会取得良好的效果。

有位化学教师在做钠的燃烧实验时，集气瓶里冒出的不是白烟，而是黑烟，当面对同学们愕然的表情时，这位化学老师随机应变："这块金属钠为何燃出黑烟？请同学们回忆一下金属钠的物理性质及其贮存方法。"全班同学立刻由惊愕变成活跃，一位同学抢着发言："金属钠性质活跃，不能裸露在空气中，而是贮存在煤油中！""你说得对！"教师满怀歉意地对大家说："刚才就是由于我的疏忽，实验前没有将沾在金属钠上的煤油擦干净，结果发生了刚才的实验事故。为了揭示上述错误原因，我不准备回头处理煤油，而是将沾有煤油的金属钠继续燃烧下去。请大家想一想，燃烧的过程中，烟的颜色将发生怎样的变化？""黑烟之后将出现白烟！"结果再次演示实验证明了大家的预言。当老师宣布："同学们，你们的预言实现了！"全班响起了热烈的掌声。大家赞赏的不仅是他坦诚的襟怀，实事求是的品质，更有他那灵活的教学机智。

6. 以变制变

当课堂教学过程中突然出现意料之外的情况，并且影响到正常的教学秩序时，教师可以通过以变制变来进行化解。

特级教师于漪老师有次上课时，几只蝴蝶飞进了教室，吸引了同学们的注意力。于漪老师首先让学生把蝴蝶赶走，然后让学生以蝴蝶飞进教室为题打一词牌名，同学们苦思冥想不得其解时，于漪老师给出了答案："'蝶恋花'啊，因为你们都是祖国的花朵！"在同学们一片会意的笑声中，于漪老师又开始了她的讲课。

7. 巧给台阶

课堂上，对于那些好出风头或恶作剧的学生，在对他们进行批评教育时，要注意给他们台阶下，千万不能闹对立，避免把矛盾扩大。对偶尔犯错误的同学更应如此。

有位小学二年级的李老师上课时刚出现在门口，正在舌战中

的女同学立即七嘴八舌向他告状，说小王把沙子撒进了小丽的眼。小王矢口否认，小丽则边擦眼泪边号啕大哭。整个教室处于一片混乱之中。李老师通过观察，很快作出判断：小王欺负小丽，但小丽的眼里并没有沙子。她的哭声只是想借老师的嘴批评小王为她出气。怎么办？如果当堂查问，势必影响上课。如果不问，小丽则会泣个不停。李老师先叫同学们静下来，然后从口袋里掏出手帕，帮小丽擦眼泪："不要哭，让老师帮你把沙子弄出来。"说着，一本正经地检查小丽的眼，并且帮她吹了几下。边吹边问："还有沙子吗？还痛吗？""不痛了。"那位学生巴不得趁机下台。李老师进一步给她台阶："不痛就不要哭了。哭鼻子不是坚强的孩子！——这件事到底怎么回事，咱们下课再说。现在上课。"小丽真的不哭了，班上立即静下来。课进行得很顺利。

8. 提醒调侃

这些方法多用在那些上课精力不集中、思想开小差而导致分心的学生身上。当这种情况发生时，教师可视情况用语言、眼神、手势等作暗示；如果暗示法不起作用时，教师可换用个别提醒法，可以边讲课边走到该生身边，或亲切地摸摸他的头，或轻轻地敲敲他的书本和课桌；如果以上两种方法都不见效，还可以尝试重点提问法，通过个别提问，强迫他把注意力转移过来。另外，有时在课堂上适度地进行幽默调侃，也是唤起学生注意，避免学生分心型偶发事件发生的有效方法。有位教师在学生打瞌睡时，随机说了句诗："春风吹得书生醉，莫把课堂当睡堂。"同学们一笑，那位同学睡意全无了；再如对于个别开小差的学生，可随机说道："唯物辩证法告诉我们，任何事物都是一分为二的，但唯有一心不可二用，上课时一定要集中精力。"

9. 冷处理

当课堂教学中个别学生发生了一些较严重的违纪事件时，教师可以采取淡化的方法，把问题暂时"搁置"起来，或是稍作处理，留待以后再从容处理的方法。因为发生偶发事件后，学生多半头脑发热，情绪不稳，很难心平气和地接受教育，甚至会产生更严重的逆反情绪，使局面难以收拾；而老师容易心理失衡，缺乏充分的心理准备和冷静的分析，如果贸然进行"热处理"，难免发生失误或难以取得最佳的教育效果。

一位教师上课时，刚走进教室就看见同座位的小王和小张同学打架，你推我拉，互不相让。这位老师没有慌张，也没有大声训斥学生，而是微笑着说："怎么啦，你们俩，都已经是高中生了，有了小矛盾还不会处理？双方冷静一下，相信你们能够自己解决的。好，我们开始上课。"随着老师的话语，同学们松了一口气，小王和小张也松开了手，不好意思地低下了头。一场"龙虎争斗"平息了下来，既避免了事态的激化，又没有浪费宝贵的教学时间。

10. 停顿休整

当学生精神疲劳，将要发生分心型情况时，教师可暂时停止上课，或让学生闭目养神休息几分钟，或做做小游戏，唱上一支歌，或讲个幽默风趣的小故事……。等学生精力恢复、注意力集中时再讲课，效率会大大提高。

应对课堂偶发事件的方法还有很多，这里就不再一一列举了。大家在教学实践中一方面要多借鉴一些优秀案例，同时自己也要总结反思，尽可能多地积累一些宝贵的经验。只要我们在课堂上因势利导，见机行事，采取相应的应变策略，这些偶发事件就不再会让我们觉得头痛。

第九章　实施有效的课堂管理

有效的课堂管理是上好一节课的必要保障。在进行正式的管理之前，作为教师的你必须要弄清课堂管理的一些原则，以及如何建立起一套行之有效的管理标准。在课堂上，如何对个别学生的不当行为进行适度干预，巧妙地化解掉课堂上的一些冲突，并且把握好宽严之间的度，这些都是需要认真思索和探讨的问题。

第一节　建立明确的课堂规则

为使课堂教学顺利进行，就必须有良好的课堂教学秩序。要保持良好的课堂秩序，就必须建立制度化的课堂规则，以规范学生在课堂中的行为。

课堂规则的内容是多种多样的，几乎涵盖课堂的所有方面。通常设置的课堂规则有：

●按时上课，不迟到、不早退，不随意缺课；

●因特殊原因迟到者要向教师报告，因事因病无法上课者应请假；

●听到上课铃响，立即进教室，准备好书籍用具，静待上课；

●按排定的座次入座，不可私自随意调换座位；

●上课和下课时随班长或值日生的口令而起立、问候，向教师表示敬意；

●提问和回答问题要先举手，经允许后才能起立发言，语言要清楚、简洁；

●课前要预习，课后要复习；

●上课专心听讲，勤于思考，仔细观察，不看无关的书籍，不做无关的事情；

●按时完成作业，做到独立思考、书写整洁、字迹清楚、格式规范；

●离开座位，走动要轻声，不妨碍他人；

●保持正确的看书写字姿势，注意用眼卫生；

●保持课堂内外整洁，不乱丢纸屑杂物，不随地吐痰；

●课前课后，值日生做好教室清洁卫生，要揩净黑板，整理好讲台；

●尊敬教师，注意礼貌，关心同学，相互帮助；

●进出课堂要依照次序，保持安静，不影响他人学习，等等。

制定课堂规则一般遵循以下的原则与要求：

（1）课堂规则应符合4个条件，即明确、合理、必要和可行。

（2）课堂规则应通过教师与学生的充分讨论，共同制定。

（3）课堂规则应少而精，内容表述以正向引导为主。

（4）课堂规则应及时制定与调整。

课堂规则形成的方法是多种多样的，主要有：

（1）自然形成法

将原来已经存在并被广泛认可的常规加以具体化，形成课堂规则，一些自然形成的良好行为经过师生共同讨论加以强化，就形成了课堂规则。

（2）引导制定法

将原本不存在或没有引起注意的常规引申为课堂规则，让大家共同遵守。可以先由教师设计某些规则，交由学生讨论后形成课堂规则；也可以先由部分学生发动并建议，经学生讨论和教师许可后形成课堂规则；还可以在师生共同的课堂活动中，针对某些具体的情形、问题讨论制定，形成课堂规则。

（3）参照制定法

教师或者学生发现其他班级的某些些良好行为规范，而这一规范正好是自己所缺乏的，于是师生共同讨论，参照制定为课堂规则。

（4）移植替代法

将其他课堂中好的规则直接移植过来，作为要求本班学生遵从的课堂规则，或者用来替代原来不合理的规则。

下面是某班制定的课堂规则：

课前部分：

1. 文具和教材建议统一摆放整齐。低段的学生，在不使用文具和教材时，统一将文具和教材收到抽屉里；在需要使用文具或教材时，再统一拿出来。

2. 英语课堂上，应要求学生携带教材。对于低、中、高段孩子，都应提出按时携带教材的要求；对于高段孩子，应避免借书使用的现象。

……

课堂部分：

1. 尊重他人发言，不随意打断他人发言。

2. 关注他人发言，注意捕捉他人发言的核心信息。

3. 关注指令，快速反应。对课堂指令快速做出反应。

5. 不随意说与课堂教学无关的话。

6. 发言前先举手，不随意打断他人发言。

7. 大胆表达自己的观点，发言时做到大方、不拘谨。

8. 尽量使用英语进行交流，避免使用中文。

9. 快速翻到相应的页码，以眼神与教师交流已经完成翻书任务的信息。

10. 阅读时，养成"指读"的习惯。

……

竞赛、游戏或活动部分：

1. 仔细倾听规则的讲解，对不明白的地方举手问老师。

2. 活动时按老师的指令快速做出反应。

3. 大胆参与，积极思考。

4. 积极反馈。

5. 两人对话交流时，学生应明确谁先说；交流完后怎样传递结束的信息等。

......

应该说，这份规则很详尽了。

课堂规则和程序一旦建立，就要仔细监督学生的行为，要求学生严格遵守。

第二节　对学生的不当行为进行适度干预

我班上有一个很调皮的学生，上课总爱捣乱别人，尽管说过他多少次了，他依然我行我素不改。一次，上体育课时他参加了短跑比赛，身材瘦小的他夺得了第一名，看着他高兴的样子，我便借此机会对他说："×××，你体育成绩这么好，如果你文化课也学好了，岂不成了全班的榜样？"他不好意思地低下了头。后来，他慢慢地改掉了上课捣乱的毛病，有一次考试竟考了八十多分。

课堂上总会有些爱捣乱的学生，尽管教师采取了各种方法，但他们还是做小动作，说悄悄话，看窗外，在纸上乱画，或收发手机短信等。这些事情并不严重，但是却扰乱了课堂秩序，而且并非每种情况都能采取像上面案例中的办法来解决。面对这种情形，教师该如何处理呢？

我们一起来看看下面这几种比较典型的情景：

情形1：在你的课堂上做其他科目的作业

你在讲台上起劲地讲着，学生也都在认真地听着，这时，你发现有些学生正在忙着做其他科目的作业。

情形 2：传递纸条或接发手机短信

你正在上面讲课，结果却发现两个学生正在传纸条，或者是有同学在底下偷偷地用手机发短信。

情形 3：随意讲话

你在上面讲课，他（她）在下面讲话，甚至同时对许多人讲，而且声音还很大。

……

以上这些情形，相信大部分教师在课堂上都曾遇到过。那么，你是怎样处理的呢？

要回答这个问题，还是让我们先来听听专家的建议吧，这也许会对大家有所启发。

面对情形 1 的学生：

（1）直接让学生把其他科目的作业收起来，使其注意力回到你布置的任务上。

（2）不要犯没收学生其他科目的作业或课本这样的错误。这种严厉是没有必要的，并且那样做会对其他教师的教学造成消极影响。

面对情形 2 的学生：

（1）你所需要做的事情就是让他们将纸条或手机收起来。一般来讲，学生都很担心自己纸条或手机上的内容被其他人看到，因此他们会立即按照你说的做。

（2）因为纸条或手机上的内容并不是给你看的，所以不要看。不然，你就侵犯了学生的隐私，会使他们感到尴尬。有些教师甚至将纸条或手机上的内容大声读给全班同学听，这样做不仅没有必要，而且是在滥用教师的权力，会引起学生的反感。

（3）考虑一下为什么学生有时间和机会在你的课堂上"传纸条"。也许你应该改进你的监控技术或者教学计划以预防这类问题。

面对情形3的学生：

（1）在他（她）讲话时适时加以提醒或劝导，但是不要训斥和体罚该学生。

（2）下课后，将学生叫到走廊上，私下和他（她）谈谈不尊重教师的行为对你和其他同学的影响。记住，你的目的是解决问题而不是增强对立情绪。因此，要采取解决问题的态度。

（3）与那些随意讲话的学生达成协议，告诉他们你愿意听取他们的意见，但是他们应该和你私下谈并且态度要礼貌。当你采用这种友好的方式时，你就给了学生一个以积极的态度面对你的机会，同时也让他们学习了怎样以积极和礼貌的方式来面对以后的课堂。

（4）当学生表现良好的时候，表扬他们。如果你这样做了，那么你就让他们注意到了什么样的行为是你希望的。

综合以上建议，我们得出的结论是，教师在面对学生在课堂上做出的"不当"行为时，要坚持适度干预原则，做到"无痕"管理。对课堂上发生的问题，教师要尽量在最小范围内，以最简捷的方式来解决，尊重学生的人格和隐私，同时注意反思自己的讲授技巧。

当然，"无痕"管理是最理想的，但是在很多情况下，教师还是不得不中断课程解决问题。即使在这种情况下，教师也应尽量处理得简捷，把对全班的影响减到最小。

第三节　就事论事，对事不对人

在课堂管理中，我们常常会发现许多老师因为学生犯了一点错误而大发雷霆，把这个学生以前所做过的错事也一起提出来，并经常武断地说这个学生怎样不好，怎么怎么差，进而对学生的整个人都进行了否定。这种"上纲上线"的做法，大大违背了管理之道。

我们来看下面这个案例：

教师：汤姆，你每次迟到使我不得不为你一个人再从头讲起，这样做既浪费大家的时间，也造成我维持教学进度的困难。我为你每次迟到感到不高兴。

学生：老师，这并不是我的错。我参加校篮球队，每天练球时间，教练不准提早离开。

教师：我了解你的困难。你迟到是因为校篮球队训练时教练不准你提早离开。

学生：就是这样子。

教师：你可不可以向教练报告你的困难。

学生：不行，有的队员跟我的情形一样，报告了，可是教练不准。我知道迟到是不对，可是我没有办法。

教师：我了解你的困难，想想看还有没有其他的办法可以解决这个问题。

学生：老师，我看这样好了，以后老师不要为了我的迟到再从头讲起，免得浪费大家的时间。缺课部分，我请同学帮帮我，自习时间我好好用功，也请老师多给我一点指导。

教师：我想，在现在的情况之下，你的想法可以试试看。不过，将来效果如何，这要看你自己是否真的加倍用功而定。

显然，这位教师对该学生的迟到非常不满，可是他并没有因此而提及该生其他问题，更没有对该生本人予以否定，而仅仅强调的是"我"对"你每次迟到"不满。

更为重要的是，这位老师还让学生主动提出解决问题的建议，并自愿负起解决问题的责任。这是最富有教育价值的一点。

教师在课堂管理中，一定要就事论事，切记要对事不对人。

再来看下面这个案例：

有一次，县教委进行联合检查，检查中自然到各班去看看，正赶上我在班级，领导上我班后，作为班长却没有及时喊起立向领导问好，过后我严厉地批评了他，这是文明礼貌方面的严重失误，《中学生守则》《中学生行为规范》都明确规定文明礼貌是学生时期的一个重要方面，对于班长的失误，必须当众批评。批评后他立即低下了头，并且一会趴在桌子上。我看在眼里，心想，决不能让他情绪影响到自己及大家，就命令他站起来，我问他："刚才批评的是你么？"他低下了头，意思很明显：是。我问他："你是班长吗？"他点了点头。"我批评的虽然是你，但批评的是你，班长的

167

工作。"我刻意在"班长的工作"上加了个重音。他抬起了头。"不管是谁,我也是这样,对事不对人!"他恍然大悟。

"听明白我的话了么?"

"听明白了。"

"明白了什么?"

"努力工作,好好干!"

同学们也乐了,并且鼓起了掌。

根据戈登和吉诺特于 20 世纪 70 年代提出的和谐沟通理论,真正有效的课堂教学监控来源于学生个人发自内心的自制。因为在支持性而非批判性的情境中,学生能够表达其面临的问题及其内心感受,能由外而内地培养学生的自制行为和责任感,通过自己寻求答案和解决问题。教师应主动倾听学生的意见,对问题作出反馈,协助学生寻求解决问题的方法。

在课堂管理中,教师应尽量使用"对事"的语言,如:"作为教师,我对你上课看小说的行为感到不满",向学生传达出教师对问题情景的感受和对学生正当行为的要求;避免使用"对人"的语言,如:"你们几个真让人讨厌!"、"你们再说话,出去!"、"你们是班上最差的!"、"你太懒惰,你如果不改进,你将一无是处"、"你真是不可救药"……这些话会极大地伤害学生的自尊心,引起学生的反感,他们不但不会改,甚至还会变本加厉,越来越不听话。

对事不对人,强调的是一种公平原则,一种一视同仁的态度,从某种角度而言是对学生的尊重。它有利于形成一种公平的氛围,同时也有利于课堂管理更为轻松地进行。

第四节　课堂管理的"十四原则"

现在很多老师为了达到教学目标，活跃课堂气氛，在课堂教学中设计了游戏、唱歌、调查等诸多活动，一堂课看起来得很"热闹"。但有一部分爱活动、坐不住的学生却会趁机讲话，玩耍，开小差，违反纪律。为此，教师不得不放下教学任务来整顿纪律，这不仅降低了教学效果，而且还耽误了教学进度。因此，实施有效的课堂管理对保证教学进程顺利进行就显得尤为重要。在进行课堂管理的过程中，教师必须要注意以下一些基本原则。

1. 热爱学生

热爱每一个学生，随时帮他们克服生活和学习中的困难，不偏爱，不苛求，尤其对后进生，既要充满信心，又要细心指导，不急不躁，形成尊师爱生的良好师生关系。

2. 明确要求

在组织教学活动时，要建立必要的学习制度，提出明确的学习要求，随时对教学管理活动进行调控，尽量使课堂教学规范化。

3. 管理育人

各学科课堂管理的措施和要求要有助于学生身心健康，要培

养学生的高度责任感和纪律性，提倡互相尊重，互相帮助和互相协作的集体主义精神。

4. 内外结合

课堂管理应与课堂外管理相结合，与学校管理相结合，与社会教育、家庭教育相结合，形成管理的有效网络。

5. 区别对待

要了解学生的学习、身心发展的共同特点，又要弄清每个学生的个体差异。管理中讲因人而异的方法，既要有一般的要求，也要有对个别学生的特殊要求。要因势利导，不搞"一刀切"。

6. 着眼当前

当学生出现不当行为时，教师要教会学生将来遇到类似情境时应该怎么做，而不是对学生过去的错误纠缠不放。要处理当前的事，而不是过去的事。

7. 以身作则

管理中，教师要率先垂范，要求学生做到的自己要先做到，坚持以理服人，以积极的正面事实和道理，以及模范行为教育学生。

8. 语言积极

课堂管理应该从对消极行为的控制转向对积极行为的促进。因此，教师在课堂上应该强调的是希望学生去做什么，而不是必须禁止他们去做什么。消极的语言会暗示学生可能在此之前根本没有想到的行为。

9. 有选择地使用强化策略

为了预防课堂内违纪行为的发生，教师可以对某些学生采取选择性强化策略。在课堂学习中，当某个学生出现不良行为迹象时，教师可以不加理会，而向他提出一个比较容易回答的问题。这样，他就会感到教师在注意他。如果回答正确，他就会获得成就感，他的正当行为就会受到强化，实际上也就抑制住了他的不正当行为。选择性强化也可以通过赞扬其他学生，即转移强化来实现。

10. 运用非言语线索

如果有迹象表明某个学生将出现不当行为，教师要立即使用非言语线索，给学生一个暗示信号。例如：可以给该学生一个眼色或一个手势，也可以一边讲课一边走过去停留一下。这种非言语线索，既可控制不当行为的产生，又不影响课堂教学秩序。

11. 给学生提供承担责任的机会

应提供机会让学生参与课堂纪律的制定与实施，同时给学生提供承担责任的机会。这不仅能让学生感受到教师的信任，也能使他们认识到建立一个有效的学习环境，不仅是教师的责任，更是他们自己的责任。课堂上发生了违反纪律的事件时，教师不要去听信学生的借口，否则只会让学生学会推卸或逃避责任。教师更不要去引导全班学生讨论该生的理由是否成立，这会使违纪学生认为其行为受到了重视，客观上强化了其违纪行为。这时，教师应该问学生在下次遇到相同情况时，正确的做法是什么。

12. 避免不必要的威胁

仅仅依赖于威胁来控制学生是无效的。而且总是用"这是最后一次机会"来威胁学生会极大地损害教师在学生心中的形象。当然，威胁信号一旦发出了，就一定要执行，让学生感到教师言而有信。

13. 就事论事

当发生学生违纪事件时，教师应该就事论事，诚恳地表达自己的意见和对学生的希望，而不要去羞辱学生，更不要当着全班同学的面去揭露该生的短处。

14. 创造环境

课堂教学环境依赖于一个良好的学习环境，我们应精心优化教育环境和社会环境，发挥环境对学生潜移默化的作用。

第五节　在宽严之间寻求平衡

云南剑川人赵藩在成都武侯祠写了一副对联。这副对联是：能攻心则反侧自消，从古知兵非好战；不审视即宽严皆误，后来治蜀要深思。这副对联赞扬了诸葛亮执法严谨，审时度势，实事求是，宽严结合的方针。作为一名教师，在向学生施教时，也非常有必要借鉴一下这副对联给我们的启示，把握好课堂中的"宽"与"严"。

来看下面这个案例：

我接手的五年级三班是学校出了名的纪律差的班级，才开始任该班英语老师时，我就怀着没有教不好的学生的信念，每天饱含热情、笑脸相迎的走进教室，可是结果并不是我想象的那么乐观，孩子们根本就不买账，因为以前的英语老师都是整天板着个脸凶巴巴的应对他们，而今觉得这个老师不凶，便开始逍遥了。接下来的日子我还是以这样的信念坚持着，可班级的状况不但没有改善，孩子们反而更加疯狂，除了主学科课堂纪律与学习态度稍微好一些以外，英语课上纪律差、作业不认真完成，根本就不

173

把老师说的话放进心里。这时，我在想，完全以温和的态度对待学生不可行，于是，我接着采取了相反的措施。

每天我就放下了脸，板着个面孔，用命令的口气对孩子们说话，做错事情的严肃处理，这样的方式在初实行时好像还很管用，孩子们开始以为老师是说着玩的，都不理不睬，后来见我严肃处理了几名违反纪律的同学，便有所好转。但是，这样的方式是把孩子震住了，同样也带来了诸多麻烦，孩子们上课也不爱回答问题了，更不爱参加课堂活动，整个班级没有生气，孩子们好像每天都心事重重，害怕自己犯了错误。我又在审视自己的管理方式了，看来像法西斯式的管理办法不能用于学生之中，于是，我便找班级同学谈心，了解他们需要什么样的方式；找爱起哄的同学聊天，同时，在班级建立"每月之星"评比，把表现改善最大的同学定为明星，在班级表扬，并重奖，如：赠书，同时在书上写下鼓励的话；在同学们的作业本上耐心的写下鼓励的话语与薄弱的地方；经常与家长保持联系，让家长了解孩子学习状况；每次进教室我还是饱含热情，但该严肃的地方我还是严肃起来；对于做错事情的学生，我还是严肃处理，但下来之后还要专门找该学生谈，让他自己找出自己的不足与改进的方法；把尽量多的时间留在教室和学生一起，了解他们的思想与需求；同时，还利用班会、午会时间进行思想交流……

这样坚持了两个多月，孩子们有所改善，虽然英语课堂还是存在诸多不足，但我看见了孩子们的进步，看见了他们对老师的理解。

对于学生在课堂上的一些与课堂要求背道而驰的行为，教师既不能置之不理，放任自流，也不能锱铢必较，有违必究。过宽和过严，都是课堂管理的大忌。作为一名合格的老师，要想成为一个优秀的课堂管理者，就必须有所创新，在宽与严之间求得平衡。

那么，教师如何才能使课堂管理"宽严"有度呢？

一是要严而有度。学生"亲其师"才能"信其道"，对于学生严中要有爱，严中要有度，严中要有循循善诱，严要符合学生身心和谐发展规律。只有这样，学生才能接受你、认可你，遵循你的教导。如果苛刻的严格，反而给学生造成心理压力，产生逆反心态。

二是在课堂管理上要始终保持公平、公正。同样一个错误，不能因为它发生在一名优等生身上就"抬手"放过；而发生在一名差生身上则一看就烦，劈头盖脸就是"一顿"。这样处理很容易导致学生口服心不服，对老师充满了抱怨，甚至产生逆反敌对心理。我们在课堂管理上一定要谨记：在任何事情面前，孩子都是一样的，"一视同仁"是我们工作的标尺。

三是课堂管理要讲求科学性、艺术性。同样一件事情，有的教师布置，孩子就乐意做；而有的教师布置，很多孩子就"撅着嘴"做。这里面充分体现了老师课堂管理的科学性、艺术性。而有的教师在这一方面能力显得非常欠缺，在僵硬的氛围内，让学生难以接受。这些教师必须要注意提高自己在这方面的能力。

清代的冯班曾说："师太严，弟子多不令，柔弱者必愚，强者怼面严，鞭扑叱咄之下，使人不生好念也。"孔子也说："温而厉，威而不猛，恭而安。"凡事过了头，都会走向反面。我们在课堂管理上也是同样如此，因此做到宽严有度是极为重要的。

实施有效的课堂管理

第九章

175

教师如何上好每一堂课
Jiaoshi Ruhe Shanghao Meiyitangke

第十章　不要忘记教学反思

　　所谓教学反思，是指教师对教育教学实践的再认识、再思考，并以此来总结经验教训，进一步提高教育教学水平。教学反思一直以来是教师提高个人业务水平的一种有效手段，教育上有成就的大家一直非常重视之。现在很多教师会从自己的教育实践中来反观自己的得失，通过教育案例、教育故事、或教育心得等来提高教学反思的质量。

第一节　什么是教学反思

　　教学反思是教师对自己或他人在教学过程中的成功、失误、思想、行为等的思考总结的行为，反思行为涉及情境的回放、问题的发现、认真的思考、严肃的批判、客观的总结等多方面内容。反思对象即是自己的教学实践过程，也可以是自己见证的他人有关教学的行为，因此是对自己及他人行为进行的审视和分析。

　　美国教育家布鲁巴赫等人认为，可以把反思性教育教学实践分为三类：一是"对实践的反思"是指反思发生在教育教学实践之后；二是"实践中反思"指的是反思发生在实践的过程中；三

176

是"为实践反思"则是前两种反思的预期结果。一般情况下，反思是事件结束后的反省，但是我们要遵循及时反思的原则，这对我们的行为更具有指导意义。其中"实践中反思"与"为实践反思"就属于超前性反思，它能批判性地重建课堂教学的过程，使教师对自己的课堂更有预见性。而"对实践的反思"则是补充今后教学工作的丰富养分。我们这里所讲的主要是"对实践的反思"这一种。

叶澜教授说："一个教师写一辈子教案难以成为名师，但如果写三年反思则有可能成为名师。"可见，撰写教学反思的重要性。教师的工作的主阵地就是课堂，所以教师对课堂的反思尤其重要，包括教师备课、上课教材的利用，课上气氛的调节，学生接受能力的反馈，课堂突发事件的处理，课上作业的处理，课下作业的预留等问题。对成功之处的反思，是今后工作的借鉴，对失误之处的反思，指导问题的改正。教学反思的撰写可以探索教材内容的有效利用，构建师生互动机制，对教法有崭新的探讨。

反思是教师寻求进步的有效途径，美国学者波斯纳提出的教师成长的规律是："经验 + 反思 = 成长"。这个公式明确了教师成长的必备条件。其实经验与反思并不矛盾，对已有教学经验的反思触发新的经验的生产，而越有经验的教师，越能在自己的实际工作中有效的反思。从某种意义上说，教师的反思能力体现着教师的职业悟性。反思能力越强，教师的实践掌控能力、在工作中开展科研能力会就越强。善于反思的教师，是思想的驾驭者，这样的教师能够积极的投身到教育教学中去，并能及时发现问题改

正问题，主动性和创造性都对他们的事业有重要帮助。因此，养成良好的反思习惯，是走向成功的第一步。

教师撰写教学反思，是对自己教学经验的描述。当经验被推广后，促进了教师之间经验的交流与探讨，更多的问题和见解，在分析、讨论、研究、矫正的过程中，得到了许多人的关注，共同解决问题是相互学习的过程，使更多的教师参与了资源共享，并在今后的教育教学中加以实践检验，促进了教师队伍整体教学水平的提高。

第二节　当下教学反思的特点

当下国内教学实践中的反思活动，多半是"对实践的反思"。这类反思的主要特点是选材涉及的问题少，内容较单纯，所以篇幅较短，结构也很简单，写作格式没有统一规定。但是因为是教学反思，教师是反思的主体，所以一般以第一人称叙述。其写作形式大致可以分为两种。第一种较简单，一般采用的是"叙事＋议论"的方式，议论部分要充分，深入分析事件本身，还有作者自己的思考见解。第二种是"教学实例＋得失分析＋理性思考"，重点是理性思考，思考的内容涉及一些有建树的问题，并具有普遍的指导意义。

简单来说，这些教学反思可以概括为关于教材使用的反思、关于授课过程的反思和关于课下交流的反思这三类。

1. 关于教材使用的反思

教材是教学实施所使用的材料，教师对教材要有透彻的了解，首先看教学目标的制定是否反应了知识、能力、情感态度与价值观这三维目标。教育发展到今天，对学生的教育已经不单停留在知识的传授上，更注重能力的培养和丰富的情感体验。学生是教师为未来培养的人才，未来需要的是全面发展的人才，而不是书呆子，所以教师的教学就该着重三维目标的相互关联和渗透，并有机融合在教学过程当中，成为课堂教学的灵魂。

其次是对教材的知识点的把握要准，教材的深度分析要到位。教师不是讲教材，是利用教材培养学生能力，所以用哪个知识点才能达成目标？教材还可以进行怎样的深度分析？怎样才不是死用教材而是创造性的应用教材？这些都是教师应该认真反思之处。只有正确的掌握了各个层面之间的关系，才能使课堂效率最大化。

2. 授课过程的反思

授课过程是教学活动最主要的环节，教学目标的出示、教学方法的选择、教学过程的设计、重难点的突破、学生学习积极性的调动等等，都在教师反思之后趋于完美。授课过程关乎学生的学习效果，在授课过程中，教师一定要注意与学生沟通，只有沟通，才避免满堂灌的传统教学模式的弊端。沟通是教师课堂上的必备行为，教师所讲授的内容学生到底接受了多少，要通过沟通

来了解。学生学习的积极性也需要师生间的沟通来调动。现代课堂需要活跃的课堂，也需要有效的课堂，把课堂怎样交还给学生？怎样引导学生思考？这都需要教师具有过硬的专业素质和勤奋的探求精神。反思在课堂之后，智慧蕴于设计当中。

3. 关于课下交流的反思

除了课上的讲授，课下的交流不但可以对学生所学知识进行检查或巩固，还可以对学生进行思想教育，跟踪学生的心理发展。因此，教师要静下心来认真反思课下行为哪里值得推广哪里需要改进。学困生的鼓励更多的是在课下进行，给予学生功课方面的指导，通过谈心帮助他们树立起信心。和优等生交流，帮助他们制定加压计划。和中等生交流，鼓起他们比学赶帮超的热情。不管哪种方式的交流，教师都该及时反思，做到对待学生不讽刺、不挖苦、不冷淡、不漠视。积极发挥课下的交流作用，帮助学生取得更大进步。

第三节　教学反思的选材

在教师每天纷繁的工作当中，似乎处处都能引发反思，可是哪些有书写价值却值得教师反复推敲。

1. 记录成功的经验

如教学过程中达到预先设计的教学目的、引起教学共振效应的做法；课堂教学中临时应变得当的措施；层次清楚、条理分明的板书；某些教学思想方法的渗透与应用的过程；教育学、心理学中一些基本原理有意使用的感触；教学方法上的改革与创新等等，都可以详细得当地记录下来，供以后教学时参考使用，也可在此基础上不断地改进、完善、推陈出新。

2. 记录失败的原因

即使是成功的课堂教学也难免有疏漏失误之处，对它们进行系统地回顾、梳理，并对其作深刻的反思、探究和剖析，使之成为今后再教学时的参照物。教师应养成这种良好的反思习惯，在教学行为完成后，应该反思是否有什么疏漏之处，看看失误的原因在哪里，然后探究解决问题的办法，在此基础上查漏补缺，吸取教训，避免以后类似情况的发生。

3. 记录灵感的闪现

课堂教学中，随着教学内容的展开，教师往往会因为一些偶发事件而产生瞬间灵感，这些"智慧的火花"常常是不由自主地突然而至、不可预期的，如能被记录在案，则成为不错的教学反思。若不及时利用课后反思去捕捉，便会因时过境迁而烟消云散，令人遗憾不已。

4. 记录规律性思考

教育教学过程中有许多都是规律性的问题，比如课题的引入、问题的出示方法、三维目标的达成、板书的设计方式、学生动手动脑的科学依据等等。所以一定时期以后，教师对自己的教学经验做一归纳总结，能更好地改进完善自己的工作。

5. 记录感动之处

学生有时会给教师意外的惊喜，比如写在黑板上的一句祝福、放在讲台上的一杯热茶、为灾区组织的捐款、运动会上的奋力拼搏……在这些学生自发的行动里，蕴含着教师平时的悉心教导。在教师感动之余，不妨反思一下，怎样的思想教育最符合学生的接受方式，怎样的心理教育更符合学生的年龄特点，怎样的教师行为对学生形成良好的示范作用等等。

6. 记录学生的应变

在课堂教学过程中，学生是学习的主人，学生总会有"创新的火花"在闪烁，教师应当充分肯定学生在课堂上提出的一些独特的见解，这样不仅使学生的好方法、好思路得以推广，而且对学生也是一种赞赏和激励。同时，这些难能可贵的见解也是对课堂教学的补充与完善，可以拓宽教师的教学思路，提高教师的教学水平。因此，教师在教学过程中时刻不要放松对学生的观察。

针对自己的教学，不同学生有怎样的接受能力？哪些问题容易和学生碰撞出心灵的火花？学生有哪些独到的见解？在哪项活动中学生有怎样出色的表现等等，这些都可以当成撰写反思的素材。

7. 记录旁观者的感受

当自己不是行为的主体，而是作为旁观者时，依然可以撰写反思。比如当一位教师旁观了家长打骂孩子的过程，或者看到别的老师对学生问题的解决方式等。只要触发了感想，能提炼出对教学有帮助的指导性意见或者深受的启发，都可以形成自己的反思素材。

总而言之，写教学反思，贵在及时、贵在坚持。一有所得，及时记下，有话则长，无话则短，以写促思，以思促教。长期积累，必有"集腋成裘、聚沙成塔"的收获。

第四节　教学反思的诸多层面

教学反思的写法灵活多样，是教师们极易完成的教学研究形式，它要求教师在平时工作中多思考、多质疑、不断对自己的教学行为进行反思，提高自己的理论实践水平。

撰写教学反思的过程又是教师再学习的过程，我们不但要在教学中反思，还要在学习中反思，不但自己反思，还要多学习别人的反思。也只有做到学而不厌、诲人不倦，才能及时改进教学实践中的疏漏，逐步提高自身业务素质。当我们能够主动地将反

思作为一种习惯，而纳入到平时的教学活动中时，我们就成为了一名自觉的有效的反思者，也就能够使自己在具体工作中做到举重若轻了。

具体而言，教师的教学反思包括以下几个层面的活动。

一是课后完善教案。根据课前教案去上课，课后，对课堂情况进行反思总结。明确这一课的成功之处、不足之处、新的教学设想、进一步改进措施、经验的提炼和升华等。根据反思的这些情况，对已形成的教案进行修改和完善。一节课下来后，有心的教师朋友常常会反问自己：本节课摸索出了哪些教学规律，教法上有何创新，知识点上有什么新发现，组织教学方面有何新招术，解题的诸多误区有无突破，启迪是否得当、训练是否到位等等。及时记下这些得失，并进行必要的归类与取舍，考虑一下再教这部分内容时应该如何做，写出更完善的教案和教学设计，做到扬长避短、精益求精，把自己的教学水平提高到新的境界和高度。

二是及时写反思日记。在每一天工作结束之后，教师应该养成反思的好习惯。自己的课堂教学、与同事对教学探讨的心得、教学中存在的问题、学生对课堂的反馈等，都是良好的反思素材。之后以日记的形式记录，天长日久，教师的积累一定会对自己的教学有很大的促进作用。同时为将来的教学论文的撰写或教育科研的开展，做了充分的准备。

三是参加听课评课活动。各学校都制定了教师听课制度，学科组之间或者跨科之间都可以进行相互听课，看别人对课堂的驾驭对自己是个提高的过程，一是学科间知识的交流或整合，一是深入其他教师课堂一定从中受到启发，即使看到了对方的不足，在自己评价指出的过程中，同时也是自身水平提高的过程。

四是增加对外交流。学校可以聘请教研室领导来校听课评课，或者参加上级统一组织的观摩课活动。专家给出的意见往往代表了先进的教学理念，这是教师增长知识的极好机会。

五是开展行动研究。为了及时对教育教学实践进行探索和改革，还可以采用行动研究这种方式，教师设计出具体的行动方案，直接作用于教育教学活动，如实反映问题，揭示问题的实质。

第五节　集体挖掘更多"反思点"

在新课程实施过程中，教学反思被视为促进教师专业发展和自我成长的核心要素。许多学校倡导教师写教学反思，但一些教师写的教学反思就跟记流水账一样，只是对自己的教学过程进行一些简单的描述，再加上一些泛泛而谈的教学评论，缺乏对教学现象和教学本质的深度思考，因而成效并不大。哪些内容是值得深入反思的？怎样才能进行深度的反思？也就是如何寻找到教学反思中的"反思点"呢？来自陕西渭南的一群一线教师以案例分析为主要形式，加强同伴之间的合作和交流，进行集体反思，在互相探讨的过程中找到更多"反思点"。

反思之一：反思教学细节，寻找自己已有的经验和行为与新课程理念的差距，不断提高对新课程理念的认识和理解。

案例：怎样的评语才能激励学生？

一位老师教学 37 + 5，在活跃的课堂气氛中，学生说出了很多计算方法，教师脸上闪耀着兴奋和自豪。这时候，又有一个学生举手，教师迟疑了一下，最终还是让他站起来回答，这位学生说："老师，黑板上 37 + 5 = 42，你写成 43 了。"教师脸上顿时暗了下来，"哦"了一声，转过身把黑板上的题目改了。忽然这位老师又想起了什么，说："××虽然平时上课不太积极，但是今天却很细心，我们表扬他。"学生听着老师的口令，机械地"啪啪啪"，响起了几声掌声，××脸上也不知是什么表情坐下了。

这是一位老师的研究课中的一个细节，我们把这个细节放大处理，组织教师反思和讨论：由此教学现象你想到了什么？

一位老师在反思中认为：这位教师已经认识到激励性评价的重要性，但只是把它作为自己实现新课程的一种点缀，而不是发自内心地、由衷地赞叹，教师在表扬的同时有一种"高高在上"的评判味：你平时学习是不认真的，今天也没有动脑筋。学生听后的感想如何呢？因此，给学生以激励性评价，不能只是停留在口头，或者是在需要做时才做的一种装饰，它需要时时渗透在教师的教育思想中，处处落实在教师日常的教学行为之中。当教师对学生进行激励性评价已经不需要提醒的时候，新课程倡导的"以学生为本"的思想才能真正深入到我们的教育之中。

反思之二：反思不成功的教学案例，寻找教学设计与学生实际的差距，促使新课程理念向教学行为方式的转变。

案例：课件资源如何开发和利用？

在教学一年级下册"统计"时，一位教师创设了"给猴子喂各种形状饼干"的动画情景。他的设计意图是：第一次课件演示，使学生产生统计的需要；第二次课件演示，学生因来不及计数而产生记录的需要，并在各种记录方法的比较中引出画钩的方法再次统计；第三次课件演示，让学生运用画钩的方法再次统计。但在课堂上，效果并没有如老师所期望的那样。有一些学生记录几个后就"罢工"了，而且在交头接耳，根本不看屏幕，显出很不耐烦的样子。

课后，我们组织教师进行了研讨和反思：为什么教师精心设计的多媒体课件并没有激发学生学习的兴趣呢？课堂中学生的感受是什么呢？我们找来两个学生问了一问。学生回答："我知道三次的饼干都一样，所以答案和前面一样的，不需要再看了。"确实，三次课件演示的情节如出一辙。通过调查和讨论，老师们在反思中认识到：这位教师注意了课件资源的多次利用，力图使学生的学习需求越来越强烈。但没有考虑到相同课件演示的"重复"所带来的负面效应。怎样的演示才能激发学生观察的兴趣呢？老师们纷纷说出自己的意见：可以变换一下演示形式，将课件情景中出示的饼干改变形状、改变数量、改变顺序，让学生"不可捉摸"，从而能将学生的注意力全部集中到课件之中。教学手段是为教学内容和学生学习服务的，教学设计要充分考虑学生的学习感受。

反思之三：反思有争议的教学案例，对教学行为进行不断追问，不断促进自我行为的改造和重塑。

案例：怎样的探索是自主探索？

这是一节新课程课堂教学观摩课，教学内容是分数和小数的

互化，执教老师出示了很多典型性的分数，提问：怎样把分数化为小数？学生回答：用分子除以分母。计算后教师再提问：根据计算结果如何进行分类？学生很快把这些分数分为商是有限小数和无限小数两类。教师第三次提问：请你猜一猜，分数是否能化为有限小数和分数的什么有关？通过讨论和引导，学生一致认为与分数的分母有关，然后在教师引导下，继续探究与分数的分母有怎样的关系。整节课的教学如行云流水，丝丝入扣，学生在教师的引导下进行着一次又一次的探索。

针对这一节课的讨论，形成了两种意见：一种认为，在这一节课中，学生探究目的明显，参与程度高，目标达成度也高，教学效果很好。而另一种意见认为，在这一节课中，教师的着眼点过于指向引导学生得出分数能否转化为有限小数的结论，学生的探索始终是在教师预先设定的框架内进行，至于为什么要进行探索？怎样找到探索的方法？学生都很茫然。在这种貌似自主的活动中，学生缺乏明确的自我学习意识和目标，思维处于被动状态，学生的创新能力和解决实际问题的能力很难培养。

在争论之后，我们引导大家学习了数学家吴文俊先生在谈21世纪的中国教育时曾说过的一段话：学校所给的数学题目都是有答案的，已知什么，求证什么，都是清楚的，题目也一定做得出来。但是到了社会上，所面对的问题大多是预先不知道答案的，甚至不知道是否会有答案。这就要培养学生的创造能力，学会处理各种实际数学问题的方法，但要做到这一点，光靠逻辑推理是不够的。经过争论和学习，老师们的反思深刻了，认识清晰了：课堂中学生不仅需要掌握分数能否化成有限小数的规律，更重要的是需要掌握遇到实际问题如何解决的能力，教师应该让学生的视角从狭窄的思维中解放出来，更多地提供教学情境，让学生亲身经历活动中的各种问题，不断尝试，不断探索，学会解决问题的方法。

在教学过程中，教师必须养成反思的习惯，不断加强理论学习，及时地反思自己的教育教学工作，自觉体验和不断完善自己对教育的理解，并与他人进行沟通和交流，才能不断提高自己的专业素养。

第六节　教学反思写作举例

教学反思一：《我爱故乡的杨梅》

儿童心理研究表明：那些具体、生动、形象的，反映孩子的生活的，或是由孩子们自己参加的教学活动，他们总是很感兴趣。实践也证明，对于小学生来说，他们认识事物，认识世界，最直接的途径是直观和亲身体验。伴随着对这些事物的感受，有选择地、一幕一幕地印在自己的头脑里，使之成为自己的生活经历。这样在今后的生活中他们将不断地再现此经历，并逐步得到强化。同时，这种生活体验经过老师的启发、帮助将其组合、排练，以表演和场景再现的方式，创设自己教育自己的机会，这便是一种很好的教育方法。

在教学《我爱故乡的杨梅》一课时，我首先运用新鲜红嫩的杨梅引导学生观察：通过观察你知道了什么？学生通过观察初步

知道了杨梅的颜色、形状、大小等外观的一些特征。同时引发学生的兴趣：看到这么惹人喜爱的杨梅你有什么想法？这一提问如同一石激起千层浪，学生们立刻跃跃欲试，有的想尝尝、有的想摸摸、有的想仔细看一看。在这种气氛下引导学生学习课文，体验作者的感受达到了水到渠成的目的。

在体会作者小时候吃杨梅的感受时，注意引导学生进行再现体验：谁愿意将作者小时候吃杨梅的感受给表演出来。学生们立刻来了兴致，分别以小组为单位进行排练。在小组竞相表演的前提下，我又组织学生进行全班汇报。看到学生们入情入境的表演和活灵活现的动作，使我感受到了创设课堂最佳教学情境获得成功的喜悦。

继教学伊始的悬念，学完课文之后，我拿出事先准备好的干净的杨梅，分发给每个小组的学生们，让他们真正品尝这来自于美丽南国的水果。在学生们大尝特尝了杨梅之后，让学生们谈一谈感觉。学生们经过亲自品尝，切身体验，真切感受到了杨梅那甜美的味道。学生们纷纷谈出了吃杨梅的感觉。什么"味道好极了""真是酸甜可口""甜里透着酸，酸里透着甜""甜津津的"……这些话语均出自学生之口，那种品味甜蜜的感觉和意犹未尽的表情真实地体现了生活，再现了生活。学生们在亲身体验中强化了感悟，受到了熏陶，得到了美育。

以上教学可以看出，教学的过程实际就是师生情感相互沟通和交流的过程。教师应该多动脑筋创设学生亲身体验的情境，调动学生参与的积极性，以期达到师生之间最佳合作的效果，创造出最佳教学气氛来事先教学的真正目的。教师教学的成功也在此得到收获。

教学反思二：《全等图形》

教师的成长在于不断地总结教学经验和进行教学反思，下面是我对这一节课的得失分析：

一、教材选择"全等图形"原为"全等三角形"的起始课，又是学习平面图形关系的引言课。内容涉及的知识点不多，知识的切入点比较低。而新书将其建立在已学内容"图形的变化"基础上，加强与前面的知识点的联系。我选择这一节课，突出全等图形与图形基本变换的联系。

二、学生情况八年级学生有一定的自学、探索能力，求知欲强。借助于学习卷的优势，能使脑、手充分动起来，学生间相互探讨，积极性也被充分调动起来。

三、教法和法学让学生通过作图，观察体会全等图形的定义，自学全等图形的特征，通过练习总结和强化对应边、对应角的寻找方法。

四、教学过程设计首先，本节课我本着学生为主，突出重点的意图，结合学习卷使之得到充分的诠释。如在全等图形的定义总结中，我让学生自己动手，通过平移、翻折和旋转的作图，为体会重合的图形全等这一定义提供了分析、思考、发现的依据，把抽象问题转化为具体问题。而全等图形的特征及对应边对应角的寻找这一难点，我通过具体练习让学生总结，并带领学生寻找快速寻找对应元素的方法，练习的设计采用由易到难的手法，符

合学生的思维发展，一气呵成，突破了本节课的重点和难点。真正做到以生为本，抓住课堂45分钟，突出效率教学。而在B组练习中，我尝试让学生使用数学推理的格式，使学生熟悉这种推理方法。其次，我在结尾总结全等图形时让学生在生活中寻找实例，体现了数学与生活的联系；渗透美学价值。再次，从教学流程来说：情境创设——自学概念与特征——练习与小结——变式练习——应用数学，我创造性调整了教学顺序：在学生掌握了全等图形定义和特征后，增添了书上没有的常见图形练习，既达到复习图形的3种变化，也为全等图形的变换奠定了基础。再通过探究实践，将想与做有机地结合起来，使学生在想与做中感受和体验，主动获取数学知识。像采用这种由易到难的手法，符合学生的思维发展，一气呵成，突破了本节课的重点和难点。

五、本节课的不足。1）没有充分利用已有资源调动学生。在平移和旋转中我们已经总结了两种变换的特征，全等的特征只要再多提一个问题就可以从学生嘴中得到。我在设计中让学生自己看书得到全等的特征，没有调动学生，让他们自己去发现。2）要关注学生的差异。学生的层次不同，本卷练习对基础较好的学生来说有一点吃不饱，应增加C组练习满足这些学习的需求。

教学反思三：《两个铁球同时着地》

《两个铁球同时着地》是人教新课标版小学四年级语文下册第七组的一篇课文（第25课），本文是培养小学生的分析能力、敢于挑战权威、勇于实践的科学态度的好教材。但是，要让生活在今日的中国儿童理解17世纪意大利伟大的科学家伽利略的精神，却不是一件容易的事。我根据本文重点、难点，结合学生的认知水平和心理特征，充分发挥了新课程标准提倡的主导作用，课堂教学效率明显提高了。下面是我对《两个铁球同时着地》的教学反思。

1. 完成《两个铁球同时着地》的教学后，我有一种"下岗"的感觉：

《新课程标准》指出：学生是主体，老师是主导坐坐。在语文的课堂教学中，要以学生的实践活动为主，阅读是学生的个性化行为，不应以教师的分析来代替学生的阅读实践。应让学生在积极主动的思维和情感活动中，加深理解和体验，有所感悟和思考，受到情感熏陶，获得思想启迪，享受审美乐趣。

为了贯彻这一新课标教学理念，我对《两个铁球同时着地》这篇课文进行"重组"，即以"你喜欢亚里士多德还是伽利略?"作为学生思维和情感生活的主线，让学生通过阅读课文或查找课外资料去理解、感悟伽利略的善于思考、认真求实、敢于质疑、不迷信权威、勇于实践的科学态度。当我让学生自由谈谈"你喜欢谁? 为什么?"的时候，学生那各抒己见、旁征博引、据理力争的自信姿态，那不说服对方辩友誓不罢休的决心，让我为之感动、感叹，这，才是一节充满生命活力的语文课堂，让我有种老师要"下岗"的感想。

当学生明白到伽利略的试验证明亚里士多德的话有错时，我就提了一个这样的问题，那喜欢亚里士多德的同学你们的态度改变了吗? 有同学说："亚里士多德说这句话虽然有错，但他给人类发展作出的贡献非常大，人们还称他为'学问之神'，所以我还喜欢亚里士多德，但我也喜欢伽利略。"这不证明了课标指出的"课文课

程丰富的人文内涵对学生精神领域的影响是深广的，学生对语言材料的反应又往往是多元的。"同时也让我深深地感受到学生的独特体会是多么的深刻精辟啊！此时老师再多的语言都是多余的。

2. 完成《两个铁球同时着地》的教学后，让我有惊奇的喜悦：

《两个铁球同时着地》这篇课文的难点在于理解伽利略的想法，学习他善于思考、敢于质疑的好品质。我把这一难点抛给学生，以小组讨论寻找解决问题的途径，事先我也以学生的角度，曾绞尽脑汁地想，也曾请教过教学经验丰富的教师，得出要理解这段话所采用的方法不外乎两种：画图法和抓住关键词。没想到在交流汇报时，不经意的我看到学生思维迸发出创新的火花，学生竟告诉我，他们小组采用列算式来理解：[（10＋1）＞10 快][10－1＜10 慢]，这样的理解也让我看到了学科间的知识是相通的，这是语数学科间多么巧妙的结合啊！他们在讲述过程是那样的有条不紊、句句在理，这真是一个意想不到的收获。更惊奇的喜悦还在后头，林菲菲同学告诉我："我觉得伽利略的思考过程太复杂了，只要这样理解既简单又明了，同时从高处落下，100 磅重的先着地，速度是 1 磅重的 100 倍，那么当 100 磅重铁球落地时，1 磅重的铁球还悬在半空中，这显然是不可能。可见亚里士多德说的这句话是错的。"这种理解是那样的通俗易懂，让我难以置信，此时此刻我深深地领悟到了前苏联教育家苏霍姆林斯基说过："真正的学校应当是一个积极思考的王国。""让孩子生活在思考的世界里——这才是应当在学生面前展示的生活中的最美好的事物。"

结束语　教是为了不教

　　长期以来，中国式的教育教学模式是"老师教学生学"，学生习惯了那种"学习是接受知识"的做法。家长也习以为常，他们在为子女选择学校时，也会先选择升学率高的，老师"教得好的"！他们所关心的是子女能考上好的学校，哪怕是把学生送入那种早也补课、晚也补课、放假也补课的"炼狱"似的学校也在所不惜。当然，学生家长是出于望子成龙，但是作为人民教师，却不能人云亦云，在当前新课程改革的浪潮中，身为一名教育工作者，教师决不能让那种单纯的教师灌输知识，越俎代庖的教法延续下去。因为它是与"新课程"中"学生是学习的主体，认知的主体，发展的主体"相背离的。

　　教师是主导，他在教学活动中的根本任务是"导"，即通过教师的因势利导，唤起学生求知的欲望，给学生创造良好的学习环境，让学生的学习能力在教师的教学中得到提高。同时得到知识的积累。因此，教法为学法"让路"的出发点是基于学生与教师在教学过程中的地位而言，教师的任务不但是要指导学生学习，通过各种教学手段促进学生学习能力的提高，还要营造一种学生学习知识的氛围，激发学生探究知识的兴趣，使学生掌握"由已

195

知到求知，从现象到本质"的认识世界的根本方法。它将会使学生受用一生。

而关于这一点，既有古语"授人以鱼不如授人以渔"的提醒，也有诸多教育家的教育主张和教育实践为证。叶圣陶先生很早就提出"教是为了不教"的观点。它是叶圣陶先生对自己几十年从事教育活动经验的高度概括，也是他对一种具有普遍现实意义的可行教学模式的期望。叶先生是从教师和学生的相互遭遇的路途中得出他的观点的。因而他其实是给教师和学生分别提出了这样的问题，即在教学过程中教师应主要教给学生什么和学生应主要学习什么？而对此问题的正确回答，实际上便是对叶先生"教是为了不教"理论的真正把握。对于叶圣陶先生来说，教育的目的是把学生"培养成人，独立不倚的人，有益于国家、有益于人民的人"，而不在灌输给学生单纯的知识和方法。

此外，教育行业的世界性远大前景是，"以教师为中心的传统教育正在被以学生为中心的现代教育取代。教育的重心不仅从知识向技能转移，而且从纯粹的智力挪向感受、情绪等非智力领域。学生从知识的负载体逐步恢复成作为主体的完整人格。"伴随着全球性的现代教育思潮，中国人自己也在不同程度地反思和觉醒，发现危机和危险，重新呼唤理解，开始尊重人和尊重知识，借鉴和寻找新的途径，重构一种既符合人的健全发展，又促进社会主义现代化建设的新型教育。

在这种背景下，课堂依然是教师的主要战场。每个一线教师都深知课堂教学的重要性，因此，如何上好一堂课，是广大教师队伍一直研究、不断寻求进步的课题。众所周知，教学效果是教学活动的出发点，上好一堂有效率的课对一名教师来讲是很重要的。

上好每一堂课，必须上好每节课的每一分钟。这就要求老师尽可能的掌握学生的潜力，培养学生的能力，开发学生的智力，促进学生自学，提高学生认知力度。要求教师注重研究、多探讨、勤学习、集思广益，不断进行教育理念的突破。教师应该注重与学生的沟通，通过有效地互动，能够及时了解学生对所学内容的感知和领悟程度，只有老师心中有学生，才能充分发挥学生的主体性地位。学生个性化的发言往往是在老师鼓励和评价中产生的；要允许学生出现这样或那样的错误，要始终去关注，让他知道你激励和期待。教师要能够抓住学生的知识掌握点，及时调整教学方案，有效完成教学目标。

事实上，教师的教学是为社会服务的，如果教师教的知识与现实脱节，教学岂不是做了无用功？教学就是要教会学生那些终身受益的知识。很多的教师都能掌握一堂课的重点难点，却不善于从长远来把握那些学生终身受益、受用的重点知识。因此，在评价一堂课时，不能单从一堂课的知识本身来看，教师如何处理好前后知识的联系、培养学生的学习能力才是更重要的。也不能把课堂的好坏仅仅定位在知识上。社会在进步，只有那些为学生受用一生的知识会留在人类文明传递的长河中，如若我们的教师没有识别这些知识的眼光，那他便不能站有教学的制高点，哪怕教学工作再努力，也只能是扮演着一个实施"新课程"的追随

结束语

教是为了不教

者，而不是成为"新课程"的主角！

　　当然，"各施各教"是常理，只要适合学生，对学生的发展又大有好处的教学方法很多，关键在于要把握教学的实质，不断发挥自己的主观能动性，教学方法会在实践中得到升华。作为一名教师，需要的是不断地学习，只要在教学过程中善于学习、不断总结，注重提高自身修养，便能更快地在教学路上不断成长、成熟起来。